PRECISAMOS CONVERSAR

ESTRATÉGIAS E INSTRUMENTOS PARA
MELHORAR A COMUNICAÇÃO INTERPESSOAL

PRECISAMOS CONVERSAR

COMO TER CONVERSAS
QUE IMPORTAM

CELESTE HEADLEE

UMA DAS MAIORES
REFERÊNCIAS DO
RADIOJORNALISMO MUNDIAL

ALTA LIFE
EDITORA

Rio de Janeiro, 2021

Precisamos Conversar
Copyright © 2021 da Starlin Alta Editora e Consultoria Eireli. ISBN: 978-65-5520-404-9

Translated from original We need to talk. Copyright © 2017 by HarperCollins Publishers, Inc.,. ISBN 978-0-06-266900-1. This translation is published and sold by permission of HarperCollins books, the owner of all rights to publish and sell the same. PORTUGUESE language edition published by Starlin Alta Editora e Consultoria Eireli, Copyright © 2021 by Starlin Alta Editora e Consultoria Eireli.

Todos os direitos estão reservados e protegidos por Lei. Nenhuma parte deste livro, sem autorização prévia por escrito da editora, poderá ser reproduzida ou transmitida. A violação dos Direitos Autorais é crime estabelecido na Lei nº 9.610/98 e com punição de acordo com o artigo 184 do Código Penal.

A editora não se responsabiliza pelo conteúdo da obra, formulada exclusivamente pelo(s) autor(es).

Marcas Registradas: Todos os termos mencionados e reconhecidos como Marca Registrada e/ou Comercial são de responsabilidade de seus proprietários. A editora informa não estar associada a nenhum produto e/ou fornecedor apresentado no livro.

Impresso no Brasil — 1ª Edição, 2021 — Edição revisada conforme o Acordo Ortográfico da Língua Portuguesa de 2009.

Produção Editorial Editora Alta Books	**Produtor Editorial** Thiê Alves	**Marketing Editorial** Lívia Carvalho Gabriela Carvalho marketing@altabooks.com.br	**Editor de Aquisição** José Rugeri j.rugeri@altabooks.com.br
Gerência Editorial Anderson Vieira		**Coordenação de Eventos** Viviane Paiva eventos@altabooks.com.br	**Assistente Comercial** Filipe Amorim vendas.corporativas@altabooks.com.br
Gerência Comercial Daniele Fonseca			
Equipe Editorial Ian Verçosa Illysabelle Trajano Luana Goulart	Maria de Lourdes Borges Raquel Porto Thales Silva	**Equipe Design** Larissa Lima Marcelli Ferreira Paulo Gomes	**Equipe Comercial** Daiana Costa Daniel Leal Kaique Luiz Tairone Oliveira
Tradução Edite Siegert	**Copidesque** Carolina Palha	**Revisão Gramatical** Camila Paduan Kamila Wozniak	**Diagramação** Joyce Matos **Capa** Marcelli Ferreira

Publique seu livro com a Alta Books. Para mais informações envie um e-mail para **autoria@altabooks.com.br**

Obra disponível para venda corporativa e/ou personalizada. Para mais informações, fale com **projetos@altabooks.com.br**

Erratas e arquivos de apoio: No site da editora relatamos, com a devida correção, qualquer erro encontrado em nossos livros, bem como disponibilizamos arquivos de apoio aplicáveis à obra em questão.

Acesse o site **www.altabooks.com.br** e procure pelo título do livro desejado para ter acesso às erratas, aos arquivos de apoio e/ou a outros conteúdos aplicáveis à obra.

Suporte Técnico: A obra é comercializada na forma em que está, sem direito a suporte técnico ou orientação pessoal/exclusiva ao leitor.

A editora não se responsabiliza pela manutenção, atualização e idioma dos sites referidos pelos autores nesta obra.

Ouvidoria: ouvidoria@altabooks.com.br

Dados Internacionais de Catalogação na Publicação (CIP) de acordo com ISBD

H433p   Headlee, Celeste

         Precisamos Conversar: Como ter conversas que importam / Celeste Headlee ; traduzido por Edite Siegert. - Rio de Janeiro : Alta Books, 2021.
256 p. ; 14cm x 21cm.

         Tradução de: We Need To Talk
         ISBN: 978-65-5520-404-9

         1. Comunicação. 2. Conversar. I. Siegert, Edite. II. Título.

2021-1274   CDD 302.2
                                     CDU 316.77

Elaborado por Vagner Rodolfo da Silva - CRB-8/9410

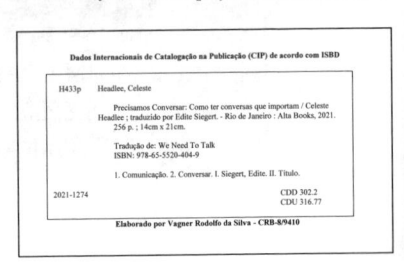

Rua Viúva Cláudio, 291 — Bairro Industrial do Jacaré
CEP: 20.970-031 — Rio de Janeiro (RJ)
Tels.: (21) 3278-8069 / 3278-8419
ALTA BOOKS www.altabooks.com.br — altabooks@altabooks.com.br
EDITORA   www.facebook.com/altabooks — www.instagram.com/altabooks

ASSOCIAÇÃO BRASILEIRA DE DIREITOS REPROGRÁFICOS

ASSOCIADO   CBL Câmara Brasileira do Livro

PARA GRANT

Eu quis ser uma pessoa melhor para ser uma mãe melhor.

AGRADECIMENTOS

Há muitas pessoas a agradecer. Em um plano geral, todos os professores que tive merecem agradecimentos, como todos os amigos que me presentearam com seu tempo e atenção, e todos os convidados que me concederam uma entrevista.

Em um plano individual, quero agradecer aos que exerceram um grande impacto no meu trabalho: Julie Will, minha paciente e atenciosa editora que compreendeu desde o início o quanto essa questão é importante; Heather Jackson, a agente mais inteligente e solidária do mundo; Carol Kino, Theresa Bierer e Beth Jones, grandes amigas, mulheres inteligentes e ouvidos atentos; Don Smith, sempre disposto a ler, editar e me dar sua opinião sincera; Teya Ryan e a equipe da GPB; Pete Sandora, que me ajudou a encontrar minha força interior e me ensinou a dizer não; Cynthia Sjoberg, que é praticamente a Mulher Maravilha; Doug Mitchell, meu *bwana*, que foi tão franco, encorajador e prestativo que é quase impossível eu conseguir me mostrar suficientemente agradecida; Kathy Lohr e Roxanne Donovan, as brilhantes mulheres de meu clube do livro; Cindy Carpien, Laura Bertran e Jacob Consrad, que são os melhores editores e mentores que um jornalista poderia querer.

AGRADECIMENTOS

Minha maior gratidão vai para o meu filho, Grant. Durante a maior parte de sua vida, fomos apenas nós dois, e eu não poderia querer um companheiro mais esperto, divertido e inteligente. Eu só gostaria que ele fizesse menos trocadilhos.

Agradeço às mentes brilhantes que me fizeram pensar sobre saber ouvir: Dale Carnegie, Ralph Nichols e Studs Terkel. E aos ilustres pesquisadores cujo trabalho foi um guia e uma inspiração: Sara Konrath, Mark Pagel, Steve Levitt e Stephen Dubner; Daniel Kahneman, Dave Isay e o ótimo pessoal da Pew Research e do Greater Good Science Center, da Universidade de Berkeley. E um agradecimento especial a Sherry Turkle, que chamou atenção à redução das conversas e tão generosamente cedeu seu tempo para me ouvir quando nos encontramos no Fórum TED, em Banff.

Um grande obrigado à TED, uma organização totalmente dedicada a compartilhar ideias e a inspirar a conversação. E, finalmente, meu agradecimento à NPR, PRI, e a todos os dedicados jornalistas da mídia pública. A rádio pública promoveu e esclareceu ótimas conversas desde que foi inaugurada, há mais de cem anos. Ela também me deu a oportunidade de conversar com algumas das pessoas mais criativas, sagazes e interessantes do mundo.

SOBRE A AUTORA

Celeste Headlee é jornalista desde 1999. Ela trabalhou como repórter, produtora e apresentadora na rádio pública em redes locais, nacionais e internacionais. Ela começou sua carreira de apresentadora na Rádio Pública do Arizona, em Flagstaff, depois passou à WDET, em Detroit, antes de aceitar um cargo na NPR. Durante muitos anos, foi coapresentadora do programa de notícias diário *The Takeaway,* na PRI e na WNYC. Depois disso, foi apresentadora substituta de uma série de programas, incluindo *Tell Me More, Talk of the Nation, Weekend Edition* e *Weekend All Things Considered.* Em 2012, ela lançou o programa de notícias diário *On Second Thought,* na GPB, em Atlanta.

Em 2015, Celeste proferiu uma palestra sobre como ter conversas melhores para a TEDx Creative Coast, em Savannah. A palestra foi apresentada no site do TED e já teve milhões de visualizações.

O primeiro livro de Celeste foi *Heard Mentality* [*Mentalidade de Ouvinte,* em tradução livre], destinado a ajudar os que querem iniciar seu próprio podcast ou programa de rádio. Celeste também é soprano de formação clássica e se apresenta sempre que tem tempo. Ela mora em Marietta com o filho e com os dois cães que resgatou.

SUMÁRIO

Introdução..xiii

PARTE I

1. A CONVERSA É UMA TÉCNICA DE SOBREVIVÊNCIA............ 3
2. COMUNICAÇÃO E CONVERSAÇÃO NÃO SÃO A MESMA COISA 19
3. NÃO SE PODE TIRAR VANTAGEM DE UMA CONVERSA RUIM..29
4. PREPARE O TERRENO..45
5. ALGUMAS CONVERSAS SÃO MAIS DIFÍCEIS QUE OUTRAS..53

PARTE II

6. OU VOCÊ FICA OU VAI EMBORA..83
7. NÃO É A MESMA COISA!..95
8. DESÇA DO PALANQUE...111
9. SEJA BREVE..127
10. SEM REPETIÇÕES...137
11. ESSA É UMA ÓTIMA PERGUNTA 149
12. NÃO SE PODE SABER TUDO 157

SUMÁRIO

13 DIGA APENAS O ESSENCIAL 167

14 VIAJANDO JUNTOS 177

15 OUÇA! 189

16 ÀS VEZES, NÃO DEVERÍAMOS FALAR 207

Conclusão 213

Notas 219

INTRODUÇÃO

Em 13 de janeiro de 1982, ocorreu uma tragédia perto de Washington, D.C. Mais de 15cm de neve caíram no Aeroporto Internacional Ronald Reagan, que ficou fechado durante quase toda a manhã, reabrindo ao meio-dia. O voo 90, da Air Florida, já estava bastante atrasado quando o comandante teve que decidir se decolava ou não. Ele poderia esperar mais um pouco e descongelar o avião mais uma vez ou partir imediatamente e permitir que seus passageiros recuperassem o tempo perdido. Tinham-se passado 49 minutos desde o último descongelamento. Ele decidiu decolar.

Sabemos, pelo gravador de voz do avião,[1] que logo após a decolagem o copiloto tentou avisar o capitão que algo estava errado.

COPILOTO: Está vendo como o gelo está grudado ali atrás? Todos aqueles pingentes de gelo e tudo o mais?

COMANDANTE: É...

COPILOTO: Cara, é uma batalha perdida tentar degelar essas coisas. Elas nos dão uma falsa sensação de segurança, só isso.

(*Passam-se alguns minutos.*)

INTRODUÇÃO

COPILOTO: Deus, olhe aquilo, não parece nada bom, o que acha? (*Pausa de 3 segundos.*) Ah, isso não está certo. Bom...

COMANDANTE: Está sim, está em 80. (Referindo-se à velocidade do ar.)

COPILOTO: Não... não acho que esteja certo. (*Pausa de 7 segundos.*) Ah, talvez esteja... Eu não sei.

O que nenhum dos pilotos percebeu foi que a leitura na cabine não era confiável, pois os instrumentos estavam obstruídos pelo gelo. Além disso, o comandante não ligou os aquecedores dos motores do avião. Cerca de 35 segundos depois que a aeronave deixou o solo, temos essa conversa na cabine:

COPILOTO: Larry, nós vamos cair, Larry.

COMANDANTE: Eu sei.

O avião se chocou contra a ponte da Fourteenth Street e mergulhou no rio Potomac. Setenta e oito pessoas morreram. Somente cinco sobreviveram.

A queda do voo 90, da Air Florida, é vista como um momento decisivo no desenvolvimento de padrões de segurança das companhias aéreas, levando a Administração Federal de Aviação (FAA) a estudar a frequência com que um avião deveria ser descongelado, como criar produtos químicos para degelo e como os instrumentos das aeronaves são

INTRODUÇÃO

afetados por baixas temperaturas. Especialistas também passaram muito tempo analisando a conversa na cabine, captada pela caixa-preta.

Vinte anos depois, li sobre esse incidente quando realizava pesquisas para uma história, e ele me fez repensar toda a minha filosofia sobre conversas. A maioria dos especialistas que ouviu a gravação da caixa-preta concluiu que os copilotos deveriam ser treinados para serem mais diretos com os comandantes. Já o meu primeiro pensamento foi que precisamos treinar os pilotos para serem melhores ouvintes. Jamais imaginei que melhorar as técnicas de conversação seria uma habilidade de sobrevivência.

Para a maioria de nós, pode parecer que os riscos nunca serão tão altos — que a vida nunca estará em jogo em nossas conversas. Porém, deixe-me fazer uma pergunta: você já foi internado em um hospital? Muitas vezes, as vidas *estão* em jogo. Falhas de comunicação levaram a 1.744 mortes[2] em hospitais nos EUA entre 2009 e 2013, e elas incluem apenas os casos rastreados devido a processos instaurados por negligência profissional. "Falhas de comunicação" é uma expressão bastante genérica, usada para descrever tudo, de uma enfermeira do turno da noite que não passa informações vitais para a do próximo turno ao médico que prescreve um tratamento sem analisar o prontuário do paciente. Também inclui falhas na comunicação com pacientes e seus familiares, que muitas vezes chegam ao hospital ansiosos e confusos.

INTRODUÇÃO

Imagine, por um momento, como é importante ser assertivo nessas conversas. A necessidade de brevidade e eficiência deve ser equilibrada com a capacidade de ouvir com atenção. Há vários fatores emocionais (dor física, estresse, confusão, raiva) que atrapalham uma conversa, e vários que tornam vital que ela seja clara e abrangente.

Pessoalmente, fico feliz por vidas não estarem em jogo quando converso no rádio todos os dias. Mas é importante notar que grandes eventos são afetados pelas palavras que escolhemos dizer ou não.

Pense por um momento em quantas oportunidades você perdeu, quantos resultados em sua vida poderiam ter sido diferentes por causa de uma comunicação falha. Você poderia ter conquistado o emprego dos sonhos se tivesse arrasado na entrevista? Salvado um relacionamento se tivesse sido mais franco sobre certas questões? E as conversas sobre política no almoço de família que saíram do controle? Havia outra maneira de defender seus princípios para que seu primo não saísse furioso da mesa (e que até hoje não responde às suas mensagens)?

Depois de ler a transcrição do voo 90, passei muito tempo pensando em quantas vezes não consegui deixar minha opinião clara durante uma conversa e a frequência com que não entendi o que outra pessoa tentava me dizer. Também me dei conta de que dizer a coisa errada em uma conversa é uma experiência universal. Todos já perdemos algo por causa do que dissemos ou não, do que ouvimos ou não e do que entendemos mal. Então, todos nos beneficiamos ao aprender um jeito melhor.

Algumas de minhas melhores ideias surgiram como resultado de fracassos. E uma das minhas lições mais valiosas sobre ouvir resultaram de não saber fazê-lo. Dois dias depois do forte terremoto no Havaí, em 2010, falei no ar com uma mulher de Michigan chamada Mallery Thurlow, que há dois dias tentava falar com o noivo em Port-au-Prince, sem sucesso. Ela estava desesperada para falar com ele ou com qualquer pessoa que pudesse lhe dizer se seus entes queridos estavam vivos ou mortos.

Nossa equipe de produção trabalhou incansavelmente para encontrar seu noivo, France Neptune, e colocamos os dois no ar. Mallery e France ouviram a voz um do outro pela primeira vez depois do terremoto,[3] e meu coapresentador e eu ouvimos o casal conversando com alívio e gratidão perceptíveis em cada sílaba. Foi emocionante para todos nós. Até aquele momento, ouvíamos uma conversa intensa, mas eu deveria ter sido menos vaidosa por ter dado uma boa cartada e realmente ter prestado atenção para onde o diálogo se dirigia.

Não esperávamos que France contasse à Mallery ao vivo que sua jovem afilhada tinha morrido no desmoronamento de uma escola. Mallery, conforme esperado, começou a chorar. Eu não sabia o que dizer. Foi um momento incômodo para os milhares

INTRODUÇÃO

de ouvintes que se sentiram como se estivessem invadindo uma conversa altamente pessoal e sofrida. Mais tarde, a estação recebeu várias queixas.

Mesmo que possamos esquecer o senso de humanidade envolvido, uma pessoa havia acabado de saber da morte de um ente querido enquanto milhares de pessoas escutavam, e suas lágrimas não foram encaradas de forma positiva. Ouvir alguém chorar no rádio é doloroso, não poderoso. É compreensível que a maioria das pessoas queira consolar a pessoa, sem poder fazê-lo. Elas querem que eu, a apresentadora, console o convidado e, muitas vezes, não tenho as palavras e nem o tempo para tanto. Se tivesse escutado com mais atenção, teria percebido a reviravolta na conversa. Poderia ter encerrado o quadro, dando privacidade a Mallery e France. Não foi o que fiz, e isso ainda me perturba. Eu estava concentrada demais em minha própria história para prestar atenção à deles.

Em minha vida privada, perdi contato com familiares e vi amigos morrerem em silêncio por deixarem de falar o que pensavam. Também sofri na carreira por não me fazer entender durante conversas importantes com recrutadores ou gerentes.

Hoje, acredito que habilidades de conversação estão entre as mais fundamentais a se aprender e aprimorar. Depende muito do que parecem ser bate-papos informais. Na verdade, minha carreira no rádio começou por causa de uma conversa casual.

INTRODUÇÃO

Em 1999, eu tinha acabado de me formar na Universidade de Michigan. Meu noivo estava em Kosovo com o exército, e eu estava no Arizona com nosso filho pequeno. Passei pela KNAU, a Rádio Pública do Arizona, porque eles estavam gravando uma entrevista sobre meu avô com minha mãe.

Meu avô foi um compositor famoso, chamado de decano dos compositores afro-americanos, e uma importante figura da história dos Estados Unidos. Sua lista de "primeiros" é longa: o primeiro negro a conduzir uma renomada orquestra sinfônica norte-americana, o primeiro a conduzir uma orquestra no Extremo Sul, o primeiro a ter uma ópera produzida por uma grande companhia etc. Minha mãe é frequentemente entrevistada para falar sobre ele, e nessa ocasião eu a acompanhava.

Acontece que a diretora musical da KNAU era uma velha amiga. Começamos a conversar. Não sei o que eu disse, mas em determinado ponto ela disparou: "Então! Você quer um emprego?" Ela precisava de uma locutora de música clássica nos fins de semana e não conseguia encontrar candidatos qualificados. Uma locutora de música clássica precisa ter um profundo conhecimento do assunto, além da habilidade de pronunciar nomes como Camille Saint-Saëns e Sofia Asgatovna Gubaidulina. Eu tinha dois diplomas de música e não só sabia pronunciar Johannes Brahms, mas também contar histórias picantes sobre seu papel em um triângulo amoroso com Robert e Clara Schumann.

INTRODUÇÃO

Aceitei o emprego, e o resto todos sabem. Trabalhei como locutora, repórter, correspondente local e apresentadora de vários programas na National Public Radio e na International Public Radio. Fui convidada pela CNN e pela BBC, e fui âncora da cobertura da campanha presidencial para a PBS World. Posso dizer que fiz algo certo ao longo do caminho. Mas os momentos que guardo são aqueles em que falhei em estabelecer uma conexão ou em me fazer entender. Momentos em que não escutei com atenção o que alguém me dizia ou não entendi que estavam pedindo ajuda.

Houve algumas conversas importantes em minha vida, do tipo que provavelmente mudaram seu rumo para o bem ou para o mal. Será que eu disse o que precisava dizer? Fui compreendida? Ouvi o que estava sendo dito? Quanta coisa perdi? Essas são perguntas que me perseguem. Não consigo evitar pensar que também perseguem outras pessoas.

Em 2014, quando os organizadores do TEDx Augusta me procuraram para falar em seu evento, eles me pediram para pensar em algo que realmente me incomodava e então escrever sobre como eu poderia mudar a situação. Não havia dúvidas ou hesitação em minha mente. O que mais me incomodavam eram esses momentos perdidos. E quanto mais pensava neles, mais me dava conta de que coletivamente, como sociedade, esses momentos estão cobrando seu preço. Nossas habilidades de conversação se desgastaram. Parece que raramente

INTRODUÇÃO

conversamos. Isto é, falamos, batemos papo (muitas vezes por mensagens de texto ou e-mails), mas não estamos realmente discutindo coisas. Passamos muito tempo evitando conversas incômodas e pouco tempo nos esforçando em entender as pessoas que vivem e trabalham à nossa volta.

É difícil superestimar o poder da conversa. É difícil falar demais sobre as lacunas que ela pode fechar e as mágoas que pode curar. Na melhor das hipóteses, a conversa é uma força poderosa para o bem. Mas quando toma o rumo errado, essa força pode ser igualmente danosa e prejudicial.

O que tenho visto no meu país e ao redor do mundo é o que acontece quando a conversa dá errado ou simplesmente não acontece. E a ironia está no fato de que falamos *sobre* conversas o tempo todo. Quantas convocações têm sido feitas nos Estados Unidos para uma "conversa nacional" sobre drogas, raça, aplicação de leis, educação ou imigração? Repetimos várias vezes que precisamos conversar sobre certas questões e então começamos a emitir nossa opinião sem considerar o que o outro lado está dizendo. Isso não é uma conversa!

Nosso mundo tem ficado tão fragmentado pela política e distraído pela tecnologia que ter uma conversa significativa sobre qualquer assunto se tornou um desafio. Como Wesley Morris escreveu no *New York Times*: "Costumávamos conversar, e as pessoas ouviam... As pessoas ainda se reúnem para

INTRODUÇÃO

assistir ao noticiário da noite. A cultura em massa era vivenciada *en masse*. Uma conversa nacional envolvia uma grande parcela do público falando sobre questões importantes e banais ao mesmo tempo."[4]

Pode ser que as conversas mais importantes nem sejam realizadas a nível nacional, mas em pequenos cubículos nos escritórios ou nos corredores do supermercado. Talvez as conversas autênticas não ocorram online, mas apenas nas salas de estar, nos refeitórios, aeroportos e restaurantes.

Não importa o quanto você goste de pensar em si mesmo como uma pessoa discreta, suas ações afetam os que o cercam de maneira real e tangível. Da mesma forma que o bater de asas da borboleta de Edward Lorenz pode acabar provocando um furacão, o que você faz tem implicações no mundo à sua volta. Precisamos aprender a conversar uns com os outros e, ainda mais importante, a ouvir uns aos outros. Precisamos aprender a conversar com pessoas de quem discordamos, porque não podemos nos indispor com todo mundo na vida real.

Este livro não poderia ser mais pessoal para mim. Perguntaram-me o que me incomodava e como eu poderia mudar a situação. O que me incomoda é que não falamos *uns com* os outros, mas *para* os outros, e geralmente não os escutamos. Com este livro, espero desempenhar um pequeno papel para mudar isso.

PARTE I

Conversa. O que é? Um Mistério! É a arte de nunca parecer entediado, de tocar tudo com interesse, de se satisfazer com pequenas coisas, de ficar fascinado com absolutamente nada.

— **GUY DE MAUPASSANT**

1
A CONVERSA É UMA TÉCNICA DE SOBREVIVÊNCIA

E-voluir vem de "desenrolar". Con-versar vem de "se encontrar". Podemos afirmar, com certeza, que quando nos encontramos para conversar, nós nos tornamos a evolução pela qual esperamos.

— O INSTITUTO DA COINTELIGÊNCIA

A conversa diversificada é uma habilidade unicamente humana. Os biólogos acreditam que é uma força irresistível por trás do nosso sucesso como espécie e nossa ascensão na cadeia alimentar. Embora a cronologia exata de quando os seres humanos começaram a falar ainda esteja em discussão, podemos afirmar que temos tagarelado com coerência há, pelo menos, um milhão de anos.

Como essa habilidade nos ajudou? Bem, para começar, temos a capacidade de mentir, enquanto outros animais, não. Você sabe quando um gato não gosta de você. Cães não conseguem simular rosnados, e elefantes, até onde eu sei, não sabem fingir que emitem bramidos. Os seres humanos podem fingir, e, embora isso possa ser encarado como um defeito, muitas vezes é útil.

Por exemplo, imagine se você não pudesse fingir que gosta de sua sogra ou de seu chefe, ou se não pudesse dizer a uma amiga, que teve um dia péssimo, que seu corte de cabelo está lindo. Imagine se você não pudesse dizer a um possível empregador que planeja ficar na empresa por, pelo menos, cinco anos. Mentir tem uma conotação negativa por um bom motivo, mas também é uma habilidade essencial. E essa habilidade somente os seres humanos têm, até onde sabemos. (Meus cachorros fingem que não foram alimentados de manhã para tentar convencer meu filho a alimentá-los novamente, mas acho que a ciência não considera isso como uma "mentira".)

A conversa tem sido um recurso essencial para nossa espécie há muito tempo. Comparados a outras criaturas, atributos físicos não estão entre nossos pontos fortes. Admiramos a rapidez do leopardo-das-neves, o veneno do dragão-de-komodo ou a enorme força do urso-polar. Acho que todos sabemos que não podemos vencer um urso-pardo em um confronto. Mas, é claro, não estamos no topo da cadeia alimentar.[1] Em uma escala de 1 a 5, marcamos 2,21 pontos. Isso nos coloca no mesmo nível das anchovas.

E, mesmo assim, apesar de todas as nossas fraquezas físicas, somos a espécie dominante. Talvez seja *por causa* das formas comparativamente frágeis que os humanos tiveram que encontrar outros meios de competir, e falar foi uma de nossas ferramentas mais poderosas. Seth Horowitz, neurocientista especializado em audição, diz o seguinte:

> *Pensamos em nós mesmos como os novos governantes mais espertos do planeta, mas nossos ouvidos evoluíram, e o circuito cerebral básico da audição evoluiu ao longo de 400 milhões de anos, e grande parte dele centrou-se em ouvir os sons de nossa própria espécie. Esse é o sinal mais importante, mesmo que não se possa vê-lo. A audição evoluiu como um sistema de alarme, porque somos diurnos; não enxergamos bem à noite, mas nossa audição funciona em meio à escuridão, mesmo quando dormimos. Um som, mesmo sem uma conexão visual, é muito importante para nós. Evoluímos para ouvir as outras pessoas falarem.*[2]

Muitos biólogos evolucionistas alegam que os humanos desenvolveram a linguagem por motivos econômicos. Precisávamos negociar e, para tanto, era necessário que estabelecêssemos confiança. A linguagem é muito útil quando se negocia com alguém. Dois humanos primitivos não só podiam concordar em trocar três tigelas de madeira por seis cachos de bananas, mas também combinar as condições da troca. Que madeira foi usada para fazer as tigelas? Onde você conseguiu as bananas? A transação teria sido quase impossível apenas com o uso de gestos e ruídos ininteligíveis, e realizá-la segundo termos acordados cria uma relação de confiança.

A linguagem nos permite ser específicos, e é aqui que a conversa desempenha um papel essencial. Seu gato pode lhe dizer que está sentindo dor, ou muita dor, mas não pode lhe dizer onde dói ou descrever o ferimento. Nós podemos fazer isso, e classificar a dor em uma escala de 0 a 10, dizer quando ela começou e se é uma dor aguda ou suportável. Essa é uma ferramenta de sobrevivência poderosa.

Alguns cientistas sugerem que a linguagem evoluiu como parte do acasalamento. Podemos observar fenômeno semelhante em outras espécies. A habilidade de emitir determinados sons e imitar outros pode torná-lo atraente a um membro do sexo oposto. (Apesar de que, quando se trata do acasalamento humano, isso pode representar uma faca de dois gumes. Lembrei-me das palavras de Abraham Lincoln: *É melhor calar-se e deixar que as pessoas pensem que você é um idiota do que falar e acabar com a dúvida.*)

Qualquer que tenha sido a necessidade original para a fala humana, desenvolvemos linguagens que ultrapassam em muito o latido de advertência de um cão ou o sibilar intimidante de uma serpente. "Podemos usar a linguagem para olhar para o futuro", diz o biólogo evolucionista Mark Pagel, autor de *Wired for Culture* [*Ligado em Cultura*, em tradução livre]. "(Podemos) partilhar os pensamentos dos outros e nos beneficiar da sabedoria do passado. Podemos fazer planos, fechar negócios e fazer acordos. Podemos atrair possíveis parceiros e ameaçar nossos inimigos. Podemos descrever quem fez o que para quem, quando e por quê. Podemos descrever como fazer as coisas e quais coisas evitar."[3]

Na verdade, o corpo humano é exclusivamente desenvolvido para a conversa. Começamos com o mesmo equipamento básico que os chimpanzés: lábios, língua, pulmões, garganta, palato mole e laringe. Essas ferramentas nos possibilitam emitir ruídos.

(Na verdade, se sua meta for só criar sons e não ruídos específicos, nem precisa da garganta, apenas de um balão. Infle-o e deixe o ar sair devagar enquanto muda o tamanho da abertura. Você consegue ver a vibração do plástico fino em diferentes velocidades enquanto o estica ou o afrouxa? Isso se parece com o que acontece em sua garganta. Suas cordas vocais vibram enquanto o ar passa por elas.)

Mas precisávamos emitir mais que ruídos. E uma das formas pelas quais evoluímos de maneira diferente dos nossos primos macacos é que desenvolvemos a capacidade de formar palavras. Nossas bocas se encolheram enquanto nossos pescoços ficaram mais curtos, e nossos lábios, mais flexíveis. Até pagamos um alto preço por essa vantagem evolutiva, porque a laringe acabou ficando no fundo de nossa garganta. Temos um espaço aberto adicional ali, chamado faringe. A faringe é formada por paredes de músculos que empurram o alimento para o esôfago e aquecem o ar que respiramos antes que chegue aos pulmões.

Essas mudanças na boca e no pescoço possibilitaram que formássemos palavras, mas também obrigaram o alimento a realizar uma viagem mais longa, da laringe até o esôfago, a fim de ser digerido. Se ele fica preso no caminho e bloqueia as vias aéreas, nós engasgamos. Pense nisso por um momento: a raça humana se arrisca a morrer para se comunicar com mais clareza. Isso mostra o quanto a linguagem é essencial para a nossa espécie.

É importante notar que linguagem não é o mesmo que comunicação. Podemos nos comunicar em completo silêncio, usando gestos, contato visual e toque. Mas a linguagem é necessária à conversa. Por exemplo, embora a linguagem de sinais seja silenciosa, ainda é uma linguagem formal, com vocabulário e estrutura de frases.

Há várias teorias que investigam como desenvolvemos a linguagem, mas minha preferida é a de Shigeru Miyagawa, professor de linguística no Instituto de Tecnologia de Massachusetts (MIT). Miyagawa se baseou no trabalho de linguistas como Noam Chomsky e Kenneth Hale. Ele argumenta que os humanos desenvolveram a linguagem como a conhecemos pela combinação da linguagem gestual de outros animais com o canto dos pássaros.

A linguagem gestual é um movimento para saudar ou apontar, a fim de mostrar uma direção — pense na dança das abelhas para transmitir o local de flores ricas em pólen. Podemos entender o significado de um gesto, como apontar, que é usado isoladamente, assim como entendemos o significado de uma palavra, como "fogo".

Porém, a canção dos pássaros não pode ser isolada. Ela é a camada da expressão. A mensagem é comunicada holisticamente. Em outras palavras, é necessário ouvir o canto inteiro para entender o seu significado. Ele perde o sentido se você tentar separá-lo em partes individuais, assim como um hieróglifo perde o significado se você separar sinais individuais. Miyagawa acredita que gestos e palavras individuais acabaram não sendo suficientes para comunicarmos tudo o que queríamos dizer, então acrescentamos a expressão diferenciada.

É por esse motivo que a teoria de Miyagawa é a minha preferida — porque sugere que os seres humanos cantaram antes de falar.

Esquecemos o quanto a comunicação é essencial à nossa espécie, e isso talvez tenha tornado mais fácil aceitarmos a desintegração da conversa moderna. É possível que não nos demos conta do quanto dependemos, historicamente, da nossa habilidade de comunicação. A linguagem e a conversa se tornaram parte de nossa sobrevivência há milênios. Naquela época, melhoramos exponencialmente as ferramentas de comunicação. Mas será que melhoramos a comunicação em si?

Em uma só palavra: não.

Há dois motivos importantes para precisarmos melhorar o modo como falamos uns com os outros. Um é econômico, o outro, humano.

Primeiro, os negócios: uma comunicação insatisfatória nos custa cerca de US$37 bilhões por ano, segundo um estudo do provedor de treinamento Cognisco.[4] Isso equivale a mais de US$26 mil anuais por trabalhador. E esse cálculo só inclui empresas com mais de cem funcionários. Imagine o quanto o número seria maior se incluíssemos todas elas.

Por outro lado, uma boa comunicação é bastante lucrativa. Empresas com líderes que são ótimos comunicadores têm retornos 50% mais altos que aquelas com comunicadores comuns na direção.[5] Quando o gigante do varejo Best Buy encomendou um estudo profundo sobre a comunicação interna na empresa, uma das conclusões mais notáveis foi que, para cada ponto percentual aumentado referente à melhora da comunicação dos funcionários, as lojas viam um aumento anual de US$100 mil na receita operacional.

E, segundo a pesquisa do psicólogo vencedor do Prêmio Nobel, Daniel Kahneman, autor de *Rápido e Devagar: Duas Formas de Pensar*,[6] a maioria das pessoas prefere fazer negócios com alguém de quem gosta ou em quem confia do que com alguém de quem não gosta. Concordo que isso parece óbvio, mas veja: os clientes vão escolher uma pessoa agradável em detrimento de outra menos simpática, mesmo que o produto da pessoa agradável tenha qualidade inferior *e* preço mais alto.

Vamos analisar a questão sob outro ângulo: nos Estados Unidos, os consumidores devolvem cerca de US$14 bilhões em eletrônicos todos os anos. Contudo, em 85% dos casos, não há nada de errado com a mercadoria. O consumidor apenas não sabe como usar o aparelho depois de abrir a caixa. Às vezes, a culpa é da falta de informações (como um manual de instruções indecifrável). Outras vezes, trata-se da falta de "educação do consumidor", o termo formal para referir-se às conversas informais que os vendedores têm com os clientes sobre um produto.

Isso representa uma perda de cerca de US$12 bilhões por ano, por causa de instruções não comunicadas de forma clara. E, na verdade, representa apenas a perda no front-end, pois muitos clientes não voltam à empresa após devolverem o produto que não souberam usar. Bilhões e bilhões de dólares poderiam ser poupados com uma comunicação clara e adequada.

As pesquisas sobre má comunicação são amplas e alarmantes. Já mencionei que vidas são afetadas pela comunicação em hospitais, mas dólares também estão em jogo aqui. Pesquisadores da Universidade de Maryland constataram que as ditas falhas de comunicação custam cerca de US$12 bilhões aos hospitais norte-americanos todos os anos.[7] Essa é uma estimativa conservadora. Inclui o tempo perdido por médicos e enfermeiros, mas mais da metade do custo é gerado pelos dias a mais que os pacientes passam internados devido a informações que não foram transmitidas de forma clara ou oportuna.

A comunicação também afeta a retenção de funcionários. Nenhum gerente quer uma alta rotatividade, porque ela é cara, independentemente do tamanho da empresa. Pode custar mais que US$3.500 substituir um funcionário que ganha US$10 por hora.[8] Em geral, essa substituição custa cerca de 20% de seu salário anual. Em outras palavras, se o funcionário ganhar US$35 mil por ano, sua substituição custará cerca de US$7 mil. Assim, perder um funcionário devido à falha de comunicação e à falta de envolvimento é realmente um desperdício de dinheiro e de tempo.

Contudo, a comunicação insatisfatória também afeta nossas decisões na parte inicial do processo de contratação. Certamente, muitos gerentes de RH têm motivos para pensar que contrataram o candidato errado — mas será que eles tentaram descobrir qual foi o problema? Muitas vezes, a origem dos erros de contratação está na entrevista de emprego, nas perguntas que foram feitas e nas respostas apresentadas. Quando milhares de dólares são necessários para substituir até mesmo um funcionário que ganha salário-mínimo, essas conversas acabam sendo medidas centavo a centavo.

Por exemplo, muitos gerentes de contratação cometem o erro de supor que alguém que fala bem e muito será um bom vendedor. A ideia é que, se alguém é um bom contador de histórias, deve ser ótimo em atrair clientes. Porém, muitas vezes ocorre o oposto. Alguns dos vendedores mais eficientes, que vendem mais, são os que sabem ouvir e responder.[9] Os que mantêm um diálogo tranquilo e equilibrado são os que acabam fechando o negócio.

Nossas técnicas de comunicação no ambiente de trabalho não são apenas frágeis, como também são usadas raramente. Muitas pessoas falham ao enviar um e-mail rápido, quando poderiam ter saído para o corredor e conversar com um colega ou feito uma ligação telefônica. Pesquisas mostram que temos mais probabilidade de nos fazer entender por meio de uma conversa — pessoalmente ou por telefone — do que por meio de uma mensagem escrita. E, mesmo assim, evitamos conversas telefônicas a tal ponto que as grandes companhias decidiram eliminar completamente o correio de voz. Quando a JPMorgan deu aos seus funcionários a opção de não usar o correio de voz em 2015, mais de 65% a aceitaram.[10] A Coca-Cola fez o mesmo em 2014, e somente 6% de seus funcionários optaram por mantê-lo.

Não é de surpreender que tenhamos aceitado mensagens instantâneas e e-mails com tanta facilidade. Eles são práticos e nos permitem ter um maior controle e manter certa distância — física e emocional — do nosso interlocutor. Podemos responder quando e se quisermos. Podemos editá-los antes de enviar. Podemos salvar o e-mail e provar, meses depois, que *enviamos* aquele memorando para o departamento de TI, não importa o que digam em contrário.

No ambiente empresarial do século XXI, é natural pensar que essas formas de comunicação são mais eficientes do que uma ligação telefônica. Mas as pesquisas realizadas pelo Instituto Global McKinsey indicam oposto.[11] Um estudo de 2012 concluiu que usar o e-mail de modo mais seletivo e intencional aumenta a produtividade de 25% a 30%. (Todas aquelas malditas cadeias de "responder a todos" desperdiçam muito do nosso tempo.) O telefone não necessariamente o ajuda a trabalhar mais depressa, diz Ross McCammon, da *Entrepreneur*. "Isso é sobre como o telefone o faz trabalhar melhor. Porque, ao contrário do e-mail, o telefone o obriga a ser mais enfático, preciso e honesto."[12]

Os efeitos da comunicação eletrônica também se infiltram em nossa vida pessoal. Um terço das famílias diz que discute o uso da tecnologia no dia a dia, enquanto metade dos adolescentes norte-americanos diz que é viciada em seus smartphones e tablets.[13] Sherry Turkle, professora do MIT e autora de *Reclaiming Conversation* [*Resgatando a Conversa*, em tradução livre], sugere que os jovens usam fones de ouvido pelo mesmo motivo que os adultos se excedem no uso dos e-mails: nós tememos as conversas. Turkle chama isso de "efeito de Cachinhos Dourados". Queremos nos conectar aos outros, mas também queremos permanecer no controle: não perto demais, nem longe demais, apenas o ideal.

E isso me leva ao outro motivo pelo qual precisamos falar — o humano. Paul Barnwell, um professor de ensino médio que escreve sobre educação para o *Atlantic*, redigiu um artigo em 2014 chamado "Meus Alunos Não Sabem Conversar".[14] "A competência de conversação pode ser a habilidade mais negligenciada que deixamos de ensinar aos nossos alunos", escreveu.

> *Todos os dias as crianças passam horas se envolvendo com ideias e umas com as outras por meio de telas — mas raramente têm a oportunidade de aprimorar suas técnicas de comunicação interpessoal. Admito que o acanhamento e o nervosismo dos adolescentes desempenham um papel importante em conversas difíceis. Contudo, a dependência dos alunos de telas para se comunicarem os desvia — e distrai — de um envolvimento em uma conversa em tempo real. Isso pode parecer uma questão diverti-*

da, mas precisamos nos perguntar: há alguma habilidade no século XXI mais importante do que ser capaz de manter uma conversa confiante e coerente?

* * *

Dos corredores das escolas às salas de descanso dos funcionários e às mesas de jantar das famílias, nossa aversão às conversas está cobrando seu preço. Segundo algumas estimativas, os norte-americanos estão mais polarizados hoje do que desde a Guerra Civil.[15] Aposto que você está pensando: *E quanto à Guerra do Vietnã ou a era McCarthy?* Não, nós concordamos em mais coisas durante a Ameaça Vermelha do que concordamos hoje. Um estudo de 2016 realizado pelo grupo de pesquisa cristão e a Fundação Maclellan descobriu que a maioria dos norte-americanos atualmente acredita que as pessoas que discordam umas das outras demonizam-se com tamanha agressividade que é impossível encontrar um denominador comum.[16] E, no entanto, o mesmo estudo também revelou que a maioria de nós acredita que nossa sociedade se beneficia de uma grande variedade de opiniões e pontos de vista. Assim, embora valorizemos opiniões diferentes em teoria, não somos muito bons em aceitá-las na vida real.

Infelizmente, essa tendência não se limita aos EUA. Em todo o mundo, as pessoas estão divididas.

Vimos indícios disso no voto do Brexit no Reino Unido, na ascensão de uma candidata presidencial da extrema-direita na França e no crescimento de grupos extremistas em toda a Europa.[17] Especialistas mediram altos níveis de polarização nos dezesseis países europeus, e também no Japão, na Nova Zelândia e na Austrália.[18] Acredito que um dos motivos para essa divisão é que ninguém realmente conversa mais um com o outro. E quando nos encontramos pessoalmente, costumamos falar *para* os outros.

Em um discurso de formatura em 2016 na Universidade Howard, o então presidente Obama advertiu a classe de formandos sobre o isolamento ideológico. "Se vocês acham que a única maneira de avançar é sendo o mais intransigentes que puderem", disse, "vocês se sentirão bem consigo mesmos, usufruirão de certa pureza moral, mas não conseguirão o que querem. Assim, não tentem isolar as pessoas. Não tentem excluí-las, não importa o quanto discordem delas".

E, mesmo assim, isolamos as pessoas o tempo todo. Quando estabelecemos uma ligação, geralmente procuramos os que já concordam com nossas opiniões.

Não é provável que resolvamos problemas em casa, no trabalho ou no governo sem discussão e comprometimento. Isso significa que, para que possamos não só "conseguir o que queremos", mas também avançar como espécie, devemos nos reconectar com aquilo que nos ajuda a nos tornar distintamente humanos. A tecnologia só nos levará até certo ponto. A conversa pode nos guiar pelo resto do caminho.

2

COMUNICAÇÃO E CONVERSAÇÃO NÃO SÃO A MESMA COISA

> O grande inimigo da comunicação, em nossa opinião, é a ilusão de que ela ocorreu. Falamos muito, mas não escutamos.
>
> — WILLIAM WHYTE

Alguns anos atrás, meu filho viveu um período difícil na escola. Estava sofrendo bullying e começou a ter medo de ir para a escola todas as manhãs. Passou a relutar em ir às aulas e parou de fazer o dever de casa. A professora me mandou um e-mail avisando que seu rendimento estava sendo afetado.

Nas semanas seguintes, ela e eu trocamos vários e-mails. Eu sabia que ela se preocupava sinceramente com meu filho e tenho certeza de que achava o mesmo a meu respeito. Mas não estávamos nos conectando. Ela estava tendo dificuldades em fazer com que meu filho fizesse seu trabalho e provavelmente achou que eu estava procurando desculpas para ele. Eu me sentia como a única pessoa de quem meu filho precisava para ajudá-lo que não conseguia ver a situação como um todo. E, enquanto isso, ele sofria.

Acabei ligando para o diretor e pedi uma reunião com ele e a professora. Admito que talvez não tenha sido a melhor solução, porque incluir seu chefe conferia mais pressão à situação. A reunião começou mal e virou uma discussão. Eu sabia que se quiséssemos ajudar meu filho, precisaria apelar para aquela mulher em um nível emocional.

Assim, virei o corpo para ela, de modo que seu chefe não ficasse em minha linha de visão. Estendi o braço e toquei sua mão esquerda na mesa e disse: "Sinto muito, porque às vezes é difícil se comunicar comigo. Estou muito preocupada com meu filho. Ele só tem uma chance na quarta série. Desculpe se pareci zangada. Só quero que ele tenha um bom ano na escola. Não aguento vê-lo sofrendo tanto."

Vi sua expressão se suavizar. Notei que as linhas duras nos cantos de sua boca relaxaram e desapareceram, algo que eu nunca teria visto em um e-mail. E ela disse: "Não se preocupe, Celeste. Eu o apoio. Fico ao lado dele o tempo todo e farei tudo que puder para que ele seja bem-sucedido. E, sabe de uma coisa? Ele é um ótimo garoto. Gosto muito dele."

Desse momento em diante, ela se tornou a maior defensora do meu filho. Como qualquer outra mãe, tive inúmeras conversas com os professores dele ao longo dos anos, mas essa se destaca porque os efeitos foram significativos. Vínhamos nos comunicando há semanas através de uma tela, mas não tínhamos nos conectado como seres humanos.

Não sei o que se passava em sua cabeça naquela época, mas posso dizer que eu tinha começado a pensar nela como um cargo, não como uma pessoa. Ela era professora do meu filho, não uma jovem que lidava dezesseis horas por dia com uma sala lotada de crianças. Durante muito tempo, eu a vi não como uma idealista pagando empréstimos estudantis para obter um diploma que lhe conseguiu um emprego de salário baixo para trabalhar com crianças, mas como um obstáculo ao sucesso do meu filho.

Foi preciso apenas uma conversa para que enxergássemos integralmente uma à outra.

O uso da tecnologia explodiu em nosso meio na última década. Em 2000, enviamos cerca de 14 bilhões de mensagens por mês. Em 2010, esse número subiu para 188 bilhões e, em 2014, foram 561 bilhões. Em 14 anos, a quantidade de mensagens que enviamos aumentou para 547 bilhões. Esse é um salto incrível, e se repete nas estatísticas sobre os e-mails. Em 2011, foram enviados cerca de 105 bilhões. Em 2020, estima-se cerca de 246 bilhões.[1]

Caso você pense que esse é um problema do primeiro mundo, os dados mostram que ocorre em toda parte, nos países desenvolvidos e em desenvolvimento. Em um estudo de 2012 abrangendo 21 países, a Pew Research constatou que 75% das pessoas que têm celulares os usam para enviar mensagens.[2] Dois dos locais em que as mensagens são mais comuns estão nos países mais pobres do mundo: Quênia e Indonésia. Nossa dependência da tecnologia está mudando o modo como todos se comunicam.

Que efeito isso exerce sobre nossas habilidades de conversar? Na verdade, ainda não entendemos totalmente essa questão. Pesquisas sobre os efeitos das mensagens de texto evoluem todos os dias. E, é claro, correlação não implica causalidade: podemos detectar as mudanças ocorridas em nosso comportamento social desde a revolução do smartphone, mas é difícil provar que uma coisa causou a outra.

Assim, há um forte indício de que o crescimento da tecnologia, das redes sociais e das mensagens de texto levou a uma diminuição de alguns componentes essenciais à comunicação eficiente.

Um desses componentes é a empatia. Em 2010, uma equipe da Universidade de Michigan compilou 72 estudos conduzidos por 30 anos.[3] Constatou-se uma queda de 40% na empatia entre os universitários, sendo a maior parte dela posterior a 2000. "A facilidade de fazer 'amigos' online deixa as pessoas mais propensas a simplesmente desligar-se quando não estão a fim de responder aos problemas dos outros", notou um autor do estudo, "um comportamento que é transferido para o mundo offline".

Considero a evolução desse comportamento preocupante. A empatia, em seu aspecto mais básico, é a capacidade de sentir o que outra pessoa sente, estar ciente de seu estado emocional e imaginar sua experiência. Não só reconhecer que um colega de trabalho está triste, mas imaginar pelo que ele está passando e como seria se fosse com você.

Para sentir empatia, precisamos estabelecer uma ligação entre a ideia de nós mesmos e a de outra pessoa. Temos que fazer perguntas como: "Será que eu gostaria que alguém olhasse minha caixa de correio"? Ou, em meu caso: "Como é sentir-se responsável por 25 alunos da quarta série todos os dias?"

A empatia é uma habilidade humana essencial. Até bebês de 6 meses mostram sinais dela. Em seu livro *White Racism* [*Racismo Branco*, em tradução livre], os sociólogos Pinar Batur, Joe Feagin e Hernán Vera escreveram: "A empatia é um componente essencial da vida social humana. Ela nos diz se o choro de uma criança é provocado por desconforto ou fome. Permite que relacionemos prazer a um sorriso e dor a um lamento, e que nos encontremos e nos comuniquemos."[4]

Não se pode questionar que a empatia é um elemento essencial da comunicação significativa. Contudo, a maneira como nos comunicamos hoje oferece poucas oportunidades para uma conexão empática. Um estudo recente do uso das redes sociais indica que quase metade das amizades online são "não recíprocas".[5] Isto é, metade das pessoas que você identifica como seus "amigos" online não sentem o mesmo a seu respeito. Um participante do estudo forneceu uma lista de pessoas que poderiam ser chamadas em caso de emergência e, quando o pesquisador as contatou, apenas metade disse que realmente estava disposta a ajudar.

Alguns especialistas dizem que a natureza humana é inerentemente otimista, e por isso achamos que alguns relacionamentos são mais profundos do que são. Outros sugerem que nos tornamos mais oportunistas sobre esses relacionamentos, visto que acumular um grande número de "amigos" se tornou uma aspiração social (e, às vezes, profissional). A palavra "amigo" hoje é um verbo, e descrevemos certas pessoas como "amigos do Twitter", o que significa que só os conhecemos 140 caracteres por vez.

Ronald Sharp, professor de inglês do Vassar College, coautor de *The Norton Book of Friendship* [*O Livro Norton da Amizade*, em tradução livre] com Eudora Welty, sua confidente de toda a vida, falou sobre essa definição de amizade em evolução em uma entrevista para o *New York Times*. "Tratar amigos como investimentos ou commodities contraria toda a ideia da amizade. Não se trata do que alguém pode fazer por você, mas de quem e o que vocês dois se tornam na presença um do outro. A noção de não fazer nada além de curtir a companhia do outro passou a ser uma arte perdida. As pessoas estão tão ansiosas em maximizar a eficiência dos relacionamentos (por meio de mensagens de texto e tuítes) que perderam a noção do que é ser um amigo."[6]

Como Sharp ressalta, uma ligação significativa exige investimento de tempo. Conversas são exclusivamente humanas e, como nós, são complicadas e, às vezes, caóticas e incoerentes. Por isso, outro ingrediente essencial da boa conversa é a atenção.

Computadores transmitem informações em milissegundos, mas os seres humanos não podem, nem devem, imitar essa eficiência. Na maioria das vezes, são as digressões e os comentários impensados que revelam mais sobre alguém. Seu amigo pode lhe contar uma história simples sobre a ida ao mercado, mas são as pausas, os sorrisos e as explosões de gargalhadas que a tornam memorável. Se você não puder prestar atenção tempo suficiente para escutar tudo, perderá essas particularidades.

E muitos de nós perdem esses detalhes, já que hoje a capacidade média de atenção humana é de cerca de oito segundos — semelhante à de um peixinho dourado.[7] Mesmo no trabalho, nossa capacidade de concentração em qualquer tarefa durante muito tempo diminuiu. O trabalhador comum é interrompido a cada três minutos por e-mails, ligações, mensagens de texto e redes sociais.

É provável que a internet seja a principal causa da redução de nossa atenção, e ela a diminuiu ainda mais desde que começamos a levá-la a todos os lugares nos smartphones e tablets. Na verdade, pesquisas mostram que a mera presença deles exerce um impacto negativo em uma conversa direta.

Em um estudo, pesquisadores britânicos pediram a pares de desconhecidos que se sentassem em uma sala e conversassem. Em metade das salas, foi colocado um celular em uma mesa próxima; na outra, não havia telefone. Depois que as conversas terminaram, os pesquisadores perguntaram aos participantes o que pensavam sobre o companheiro. Veja o que descobriram: onde o celular estava presente, os participantes relataram que a qualidade da relação era pior do que a dos que conversaram na sala sem ele. Os pares que conversaram em salas com o celular "também informaram sentir menos confiança e acharam que seus parceiros mostraram menos empatia devido à presença do telefone".[8]

Os pesquisadores concluíram que a presença do celular prejudicou a qualidade da conversa e a intensidade da ligação entre as pessoas que conversavam. Com a simples presença do aparelho na sala! Pense em todas as vezes que você se sentou para almoçar com um amigo ou colega e colocou seu celular na mesa. Talvez você tivesse ficado satisfeito por não o pegar para checar seu e-mail, mas as mensagens que foram ignoradas ainda estavam minando sua ligação com a pessoa sentada do outro lado.

Mesmo que sejamos capazes de manter o celular no bolso, prestar atenção à pessoa por mais de oito segundos e ter empatia para criar uma ligação emocional, há mais um obstáculo que a tecnologia apresenta: nossa disposição para conversar.

Um estudo da Pew Research de 2014 constatou que os indivíduos ficam menos propensos a partilharem suas opiniões pessoalmente se descobrem que elas não são populares nas redes sociais.[9] É uma situação irônica, visto que no início se especulou que as redes sociais serviriam de fórum inclusivo para os mais diferentes pontos de vista. Na prática, porém, o medo de divergências online está acabando com o potencial das conversas presenciais.

Não me entenda mal, não sou contra a tecnologia. Tenho um tablet, um smartphone, um notebook e um e-reader. Tenho um relógio Samsung que me permite falar por ele (como Dick Tracy) ou enviar e-mails para meu filho usando meu pulso. Se ele não checar seus e-mails com rapidez, posso enviar a mesma mensagem para seu telefone ou tablet, apenas com alguns movimentos do meu dedo.

A comunicação facilitada pela tecnologia pode ser maravilhosa, e é verdade que iniciar uma conversa é mais difícil e arriscado do que disparar um e-mail ou uma mensagem de texto. Contudo, a dificuldade é geralmente a melhor parte. Pense na hesitante declaração de amor de um jovem rapaz ou na descrição ofegante de uma garotinha sobre seu primeiro dia na escola. Essas nuances se perdem na tela. Embora digitar nossos pensamentos e editá-los com cuidado nos concedam um certo grau de controle, não ficamos com a melhor parte do negócio. Podemos ganhar conveniência, mas muitas vezes perdemos a parte mais poderosa da mensagem que transmitimos: a emoção que a fundamenta.

Enquanto eu escrevia este livro, usei um planner (tão analógico!) para manter um registro das minhas conversas pessoais todos os dias. Antes desse exercício, estimava ter cerca de quatro conversas significativas por dia. Porém, depois de acompanhá-las com cuidado, descobri que na maioria dos dias tinha uma, às vezes duas, ou nenhuma. Eu tinha a impressão de que esse número era maior, porque me comunico com as pessoas o dia todo. Mas raramente conversava com elas.

Não sou cientista, mas posso usar métodos científicos para observar como meus relacionamentos e conversas são impactados pela tecnologia. Todos podemos realizar essa pesquisa de campo verificando quantas vezes conversamos diretamente em comparação a mensagens de texto ou e-mails. E podemos estar mais cientes, enquanto batemos papo na fila do caixa do mercado ou nos sentamos à frente de alguém durante o almoço, de nossa capacidade de sentir empatia e criar uma ligação verdadeira.

É uma verdade incontestável que aprendemos mais sobre nós mesmos na prática do que na teoria, por isso, quando terminar de ler este livro, saia e converse. Não se pode aprender a andar de bicicleta apenas lendo a respeito. Andar de bicicleta é uma atividade intensa e requer prática. O mesmo ocorre com a conversa. Pensar nela não é suficiente.

3
NÃO SE PODE TIRAR VANTAGEM DE UMA CONVERSA RUIM

> Somos ensinados a culpar os pais, os irmãos, a escola, os professores — mas nunca a nós mesmos. A culpa nunca é nossa. Mas a culpa é sempre sua, porque, se você quiser mudar, é você que tem que mudar.
>
> — KATHARINE HEPBURN

Muitas vezes sou abordada por pessoas que ouviram uma de minhas palestras ou assistiram a um dos meus TED talks. Se elas têm uma pergunta, nove entre dez vezes é sobre como lidar com outras pessoas e suas péssimas habilidades de conversação. "E se a pessoa não parar de falar? E se for muito chata e ficar se repetindo? E se não falar quase nada?"

Aqui estão algumas perguntas que quase nunca escuto: "Sempre interrompo as pessoas. Como paro de fazer isso? Fico entediada quando outras pessoas falam. Posso mudar isso?" Costumamos impor a culpa por conversas ruins nas outras pessoas. Desconforto em um primeiro encontro? A outra pessoa não é boa de papo. Discussão acalorada à mesa do jantar? Seu tio é um grosso ignorante.

A maioria das pessoas acha que já é boa nisso. Se você está lendo este livro, provavelmente reconhece que há espaço para melhoria, mas é possível que se ache melhor do que a média quando se trata de conversar. Eu entendo. Eu também achava. Foram necessários alguns fracassos espetaculares para que eu aceitasse que poderia receber ajuda nessa área.

Um de meus fracassos mais memoráveis ocorreu no trabalho. Tinha marcado uma reunião com meu chefe para falar sobre uma situação que considerava insustentável. Precisava achar uma forma de explicar que o comportamento de um colega tinha passado dos limites, de irritante a abusivo, e sabia que não seria fácil. Uma coisa é quando você é roubado, agredido ou o xingado. Mas falar sobre sutilezas de comportamento — as microagressões — é muito mais desafiador.

Assim, preparei-me com cuidado. Li artigos sobre como conduzir uma conversa difícil no trabalho e até ensaiei com meu marido.

"Ele vai dizer que não teve intenção de ofender", meu marido argumentou. "Então, o que você vai responder?"

"Eu direi que não é um incidente isolado, mas um padrão de comportamento antigo", falei.

"Ele vai dizer que estava brincando."

"Eu direi que piadas impróprias constantes não são nada divertidas e não podem ser ignoradas com um 'leve na brincadeira'."

Não preciso dizer que me sentia preparada quando entrei na sala do meu chefe. Eu estava nervosa, mas também confiante. Tinha feito meu dever de casa. Tinha notas. Tinha exemplos. Eu *tinha tudo*.

Só que não.

Quando me sentei, notei que estava com as palmas das mãos suadas — e elas quase nunca ficam assim, nem na academia. Apresentei meu caso como ensaiado, mas a resposta de meu chefe não foi a que eu esperava. Fui interrompida no mesmo instante. Enquanto eu procurava o que dizer, ele começou a me perguntar sobre meu estado de espírito. Eu estava cansada? Estressada? Sobrecarregada?

Fui pega desprevenida. Sim, eu estava estressada. Não, não estava dormindo bem. Voltei às minhas notas mentais, à versão da conversa que planejei com tanto cuidado, mas foi inútil. Decididamente, meu chefe transformou a conversa em uma discussão sobre meu humor e meus hábitos de trabalho. Fiquei na defensiva. Saí com uma hora marcada com um coach, que me ajudaria a lidar com as dificuldades no trabalho. Meu chefe não tinha intenção de falar com o colega causador do problema.

Não resolvi nada, não fui ouvida e não escutei, porque estava totalmente focada em voltar à conversa que tinha imaginado. Não só não consegui atingir meus objetivos, como a conversa acabou piorando o problema que eu queria solucionar. Fiquei mais frustrada e estressada, e não tinha alternativa, pois não voltaria a procurar meu chefe.

Deixei esse emprego poucos meses depois. Certamente, havia outros fatores envolvidos em minha saída, mas a conversa e os problemas que ela agravou foram um fator determinante.

Aqui está o que ocorreu e o principal motivo pelo qual a discussão desastrosa exerceu um impacto tão profundo em mim: eu deveria ter ficado no controle da conversa. Para começar, eu estava bem preparada e esperava atingir uma meta específica. Além disso, sou palestrante profissional. Segundo todas as medidas objetivas, sou melhor em uma conversa do que a maioria das pessoas. Nessa época, eu já tinha trabalhado como repórter de rádio e âncora por cerca de doze anos. Estudei com alguns dos melhores treinadores de entrevistas, participei de várias associações de prestígio, li dezenas de publicações especializadas. Até realizei entrevistas com especialistas sobre o tema. Falei com pessoas que estudaram a conversação humana por anos. Eu deveria ter me saído melhor ao me comunicar. Mas não foi o que aconteceu.

Essa situação me serviu de alerta. Ao longo de minha carreira no jornalismo, li sobre pessoas que eram péssimas em conduzir conversas. Eu não sabia que era uma delas. Participava de workshops, ouvia histórias sobre repórteres desafortunados que eram subjugados em entrevistas e perdiam o controle enquanto o entrevistado dominava a conversa. Arrogante, achei graça. Mas sabe de uma coisa? Pessoas que são sobrepujadas não percebem o que vai acontecer. Talvez elas só se deem conta quando o fato acontece, derrubando-as no chão.

Uma boa conversa não ocorre naturalmente, embora as pessoas acreditem que sim. É verdade que a maioria de nós tem juntado palavras desde os 2 ou 3 anos. O problema é que, desde então, a maioria passou as décadas praticando de maneira errada. Temos repetido os mesmos erros a vida toda.

Infelizmente, poucas pessoas estão cientes do problema. Na verdade, costumamos classificar nossa competência em conversação como muito melhor do que realmente é, não importa se estamos no trabalho, na escola ou em casa. E os dados sustentam essa afirmação — inúmeros estudos constataram que a percepção de nossas habilidades de comunicação não é muito correta. David Dunning, psicólogo social da Universidade de Cornell, diz que, para a maioria das pessoas, é "intrinsecamente difícil perceber o que (elas) não sabem". Depois de mais de uma década de pesquisas, Dunning concluiu que "as pessoas costumam ter uma visão exageradamente favorável sobre suas habilidades em vários domínios sociais e intelectuais".[1]

As pesquisas também sugerem que pessoas inteligentes são maus comunicadores. E, quanto maior a inteligência, piores são. Gosto de pensar que sou inteligente. (Acho que posso dizer isso. Acredite, passo meus dias falando com pessoas que me fazem lembrar que não sou a pessoa mais inteligente na sala. Quando você entrevista astrofísicos, neurocientistas e escritores vencedores do Prêmio Pulitzer constantemente, sua posição no ranking é evidente.) Também sou o que chamam de "criativa". Sou cantora de ópera profissional e tenho vários cursos de música. Sempre achei que ser inteligente e criativa significava ser melhor do que a maioria na arte da comunicação. Mais especificamente, eu achava que por ser *articulada*, também era boa em conversar. Mas isso não é verdade. Ser um bom comunicador não o torna um bom ouvinte, e ser inteligente pode fazer de você um péssimo ouvinte.

Pessoas muito instruídas também valorizam muito a lógica e desdenham da importância da emoção. É claro que não se pode vencer um debate com argumentos emocionais, mas uma conversa não é um debate, e os seres humanos são inerentemente ilógicos. Somos criaturas emocionais. Eliminar, ou tentar eliminar, a emoção de uma conversa é remover grande parte de seu sentido e relevância.

Por exemplo, às vezes usamos fatos para reagir à emoção. Um amigo começa a falar sobre seu divórcio iminente e o consolamos dizendo: "Não fique chateado. Quase metade dos casamentos acaba em divórcio", ou dizemos, "Não se preocupe. Um psicólogo disse que o divórcio pode melhorar as chances de nossos filhos de terem uma relação duradoura".[2] Esses dois fatos são verdadeiros, mas totalmente inúteis para seu amigo que precisa de apoio emocional. Uma conversa não é uma aula na universidade ou um TED talk. Por mais desconfortável que seja ouvir alguém com o coração partido, apelar para a lógica não é a resposta certa.

Pense em alguns dos refrões estereotipados oferecidos às pessoas que partilham sua dor. "Há vários outros peixes no mar." Pode ser verdade, literal e figurativamente, mas duvido que sirva de consolo para quem acabou de levar um fora. "Esse emprego não era ideal para você", "Você está perturbando todo mundo no restaurante" ou "Chorar não ajuda" provavelmente também nunca consolou ninguém. Tratar problemas emocionais com lógica é uma estratégia fadada ao fracasso. A lógica nega a emoção, mas a emoção não é fraqueza, tampouco inútil. Os humanos são animais sociais, e nossas emoções são úteis e importantes. Uma boa conversa requer que seus participantes usem seu QI e seu QE.

Mesmo porque a lógica não é tão rigorosa quanto imaginamos. Cometemos erros lógicos o tempo todo, principalmente quando conversamos. Por esse motivo, quando falamos com outras pessoas, dependemos do que Daniel Kahneman chama de sistema 1 de pensamento. O sistema 1 de pensamento é rápido, intuitivo e depende grandemente de padrões que aprendemos com anos de experiência.

Suponha que há um homem sujo e desgrenhado sentado na entrada de uma estação do metrô. O sistema 1 lhe diz que ele está em situação de rua. Ou imagine-se enviando uma mensagem a seu parceiro, avisando que vai chegar atrasado, e recebendo uma ou duas palavras em resposta: o sistema 1 lhe diz que seu parceiro ficou zangado.

O sistema 1 nem sempre está errado e atende a um objetivo importante ao simplificar as decisões para que não passemos tempo desnecessário refletindo sobre todas as escolhas. Ele traz calma ao caos ao reduzir a quantidade de dados que a mente precisa examinar. Entretanto, também é enganador, pois confia em suposições. Também é bastante emocional — baseia suas decisões em estereótipos — então, muitas vezes, mesmo quando achamos que estamos sendo lógicos, não é isso que ocorre.

Kahneman ilustrou esse ponto apresentando a alunos de Harvard, do MIT e de Princeton o seguinte problema matemático:

Um bastão e uma bola custam, juntos, US$1,10.

O bastão custa US$1,00 a mais que a bola.

Quanto custa a bola?

Mais que a metade dos brilhantes alunos dessas instituições de elite errou a resposta. O correto é US$0,05, porque o bastão custa um dólar a *mais* que a bola. Assim, US$0,05 mais US$1 é US$1,05 e, juntos, o bastão e a bola custam US$1,10.

Eis outro problema que Kahneman e seus colegas apresentaram a esses alunos: há uma touceira de vitória-régia no lago. A cada dia, a touceira dobra de tamanho. São necessários 48 dias para que as vitórias-régias cubram o lago, então, quanto tempo levaria para as plantas cobrirem metade dele?

A resposta correta é 47, porque a touceira dobra de tamanho todos os dias. Assim, se ela cobre o lago no 48º dia, cobre metade no dia anterior. Contudo, a maioria das pessoas divide 48 por 2, porque lê a palavra "dobrar". Nossa experiência com padrões nos diz que o oposto de dobrar é dividir ao meio.

Segundo Kahneman, o motivo pelo qual a maioria das pessoas erra esses problemas é que elas contam com o sistema 1 de pensamento. Lembre-se de que ele é psicólogo, não um matemático. Ele pesquisou por que pessoas inteligentes erram tanto, não por que se saem mal em questões de matemática. A maioria das pessoas usa atalhos mentais para encontrar respostas para os problemas. Mesmo quando achamos que estamos sendo analíticos, muitas vezes nossas suposições e atalhos nos levam à resposta errada não só em problemas de matemática, mas também nos relacionamentos humanos.

A pesquisa de Kahneman indica que pessoas inteligentes se enganam ao supor que estão livres de preconceitos e menos propensas a eles que os outros. E a crença de que a inteligência as protege de suposições equivocadas pode realmente torná-las mais vulneráveis a elas. Isso ocorre nas conversas, em que às vezes usamos uma lógica inadequada e suposições incorretas.

A inteligência também atrapalha uma boa conversa porque pessoas inteligentes relutam em pedir ajuda. Espera-se que sejam mais espertas e articuladas que as pessoas comuns, e se estiverem falando com um funcionário, uma criança, um aluno ou qualquer pessoa que considerem menos inteligente ou instruído, é improvável que admitam que não entendem algo. Afinal, imagina-se que as conversas ocorram com naturalidade. Mesmo crianças muito pequenas podem participar de um diálogo bilateral. Reconhecer que não entende algo pode parecer uma admissão de fraqueza ou aceitar o fato de que não é tão inteligente quanto gostaria de pensar.

Gostaria que refletisse sobre o quanto você pode contribuir com suas conversas. Nossa percepção do quanto nos comunicamos bem muitas vezes é diferente da realidade. Na próxima vez em que participar de uma conversa que sair dos trilhos, peça feedback. Deixe que seu interlocutor saiba que a conversa não ocorreu como esperava e que você quer saber se poderia ter usado outras palavras, se estava focado nos aspectos errados ou se não entendeu o ponto de vista dele. Depois, escute. Escute o que ele tem a dizer sem ficar ofendido. Comece com alguém que conhece bem, como um irmão ou amigo. Escutar uma crítica construtiva não é fácil, mas se sua meta for ter melhores conversas, é importante ouvir uma avaliação sincera sobre as áreas que precisam de melhoria.

Sei que quando admiti que eu era, pelo menos, metade do problema, reconheci onde estava errando. Falei com pessoas no estúdio da rádio e escutei meus erros e as oportunidades que perdi. Não é de surpreender que descobri que, conforme minhas habilidades melhoravam, o mesmo ocorria com minhas conversas dentro e fora do estúdio. Quando me tornei melhor ouvinte, os tímidos passaram a se manifestar mais. Quando fiquei mais focada, os tagarelas pararam de falar interminavelmente.

Em conversas, como na vida, você não pode controlar o que a outra pessoa faz ou diz, mas apenas a si mesmo. No entanto, às vezes, isso é suficiente.

Um de meus entrevistados prediletos no rádio é o escritor Salman Rushdie. Eu o entrevistei mais vezes do que qualquer outra pessoa em minha carreira de quase vinte anos. Ele escuta minhas perguntas e se preocupa em responder o que perguntei. Às vezes, até pensa por um momento antes de responder. Você ficaria surpreso em saber o quanto isso é raro, principalmente em uma área em que muitas pessoas vêm armadas com "pontos de discussão".

Em minha entrevista mais recente com ele, mencionei que os críticos raramente falam sobre o quanto seus livros são divertidos. "Há muitas piadas", falei, "quer dizer, um humor ferino, e me pergunto se você para e pensa: 'Bom, é melhor eu tirar essa piada porque sou um escritor com E maiúsculo.'" E ele responde: "Não me considero um escritor com E maiúsculo... como leitor, gosto de livros engraçados. Tenho dificuldade até com os melhores livros se lhes faltar senso de humor, estou falando de você, George Eliot." Nós dois rimos e então digo: "Gostei, mas ele é cansativo", Rushdie diz: "É, não há piadas em *Middlemarch*." (Como não gostar de um escritor vencedor do Prêmio Booker que diz sentir falta de "piadas" em George Eliot? Esse cara é demais.)

Quando comecei a aperfeiçoar minhas habilidades de conversação, perguntei-me: Estou fazendo o que o Sr. Rushdie faz, que o torna tão agradável de papear? Estou escutando o que as pessoas dizem, respondendo-as em seguida, ou simplesmente espero que parem para respirar para poder inserir a frase espirituosa que já tinha se formado em minha mente? Depois da terceira entrevista com o escritor, comecei a tomar nota de quantas vezes eu prestava atenção antes de responder. Eu me dei conta de que não tinha realmente prestado atenção e que isso significava que não tínhamos tido uma conversa. Eu só tinha feito perguntas desconexas, preparadas com antecedência, sem adaptá-las às suas respostas.

É fácil ignorar nossas fraquezas de comunicação. Costumamos criar exceções e desculpas para nossos erros e, às vezes, transformamos nossos pontos negativos em positivos. Por exemplo, talvez você não goste de conversar sobre banalidades com seus vizinhos no final de um longo dia, mas diz a si mesmo que evita contato visual com o sujeito da casa ao lado porque respeita a privacidade das pessoas. Ou digamos que você esteja relutante em se relacionar com os colegas do escritório. Você diz a si mesmo que não quer interromper o trabalho deles ou que está focado demais para perder tempo, mas a verdade é que talvez você não se importe com o que a pessoa no cubículo ao lado fez no fim de semana.

Temos uma capacidade incrível de justificar o que queremos fazer ou evitar. Pat Wagner, consultora em gestão e comunicação da Pattern Research, refere-se a essas justificativas como "falhas virtuosas". Naturalmente, não costumamos estender a mesma gentileza aos outros. Não falamos com pessoas no elevador, mas dizemos de uma colega: "Ela é tão fria! Quando passo por ela no corredor, ela raramente me cumprimenta." Wagner diz que, muitas vezes, ficamos alheios ao quanto nossas habilidades interpessoais são insatisfatórias e a como elas afetam os outros. Não percebemos ou não nos importamos que nossa tendência de interromper desestimula os outros a falar em reuniões e que nossa inaptidão em lembrar detalhes deixa as pessoas ansiosas.

Aqui está um exercício que eu fazia para superar esse problema de percepção. (É baseado no que

Wagner faz em seus workshops.) Elaborei uma lista de coisas que as pessoas fazem durante conversas que me incomodam. Elas se repetem? Divagam? Interrompem? Anotei tudo. Depois, levei a lista para meus amigos e colegas de trabalho e lhes perguntei quantas dessas coisas eu fazia, e se as fazia com frequência ou só de vez em quando.

Eu me certifiquei de que soubessem que queria total sinceridade, porque o objetivo do exercício era melhorar minhas habilidades, e prometi não ficar ofendida com suas respostas. Foi uma tarefa assustadora, mas muito esclarecedora.

Naturalmente, não se pode saber tudo o que é necessário sobre falar com outras pessoas e cada conversa apresentará seus próprios desafios e recompensas. Como o escritor Joshua Uebergang diz: "Habilidades de comunicação não são informações." Não se pode memorizá-las e dominá-las como os elementos de uma tabela periódica. E, no entanto, é dessa forma que a maioria das pessoas age.

Quando procuramos conselhos sobre como ter conversas melhores, muitas vezes encontramos sugestões destinadas a serem aplicadas amplamente a qualquer situação. Você provavelmente já ouviu alguma dessas estratégias — dicas batidas como manter contato visual, trazer temas de discussão interessantes, repetir o que você ouviu, sorrir e assentir para mostrar que está prestando atenção, e, às vezes, dizer "ã-hã" e "isso" como encorajamento.

Aqui está o meu conselho: não faça nada disso! Não me importo com o que o especialista disse ser uma boa ideia, pois geralmente não é. E por que você deveria ouvir o *meu* conselho? Porque o estúdio onde apresento meu programa todos os dias funciona como um tipo de laboratório conversacional. Assim como um químico faz experiências com nitrato de prata, acetona ou cloro, eu me sento com dezenas de pessoas todas as semanas e faço experiências com diferentes tipos de conversas. A maioria dessas pessoas é desconhecida, de todas as partes do mundo, de todos os níveis sociais. Falei com senadores e astros de cinema, carpinteiros e motoristas de caminhão, bilionários e professoras de jardim da infância. Algumas são muito emotivas, outras são bastante disciplinadas. Meu estúdio é o local perfeito para testar essas técnicas.

Quando me deparo com um conselho do tipo "Acene com a cabeça e diga 'ã-hã' para mostrar que está prestando atenção", posso levá-lo para o meu estúdio (laboratório) e experimentá-lo. Posso acenar e dizer "ã-hã" a dezenas de pessoas e tomar nota de suas reações. Funciona? Na verdade, não.

Descobri que balançar a cabeça conscientemente é um gesto artificial e transmite essa sensação para a pessoa a sua frente. Se eu acenar com a cabeça de forma natural, inconsciente e espontânea, a outra pessoa responderá de forma positiva. Mas se penso em uma estratégia e digo a mim mesma: "Devo assentir para demonstrar que estou prestando atenção", não costumo obter uma reação calorosa. Isso provavelmente ocorre porque eu tive que parar de prestar atenção à conversa para pensar em assentir e fingir estar envolvida. Recentemente, assisti a um vídeo meu fazendo uma entrevista para o noticiário, em que usei essa pequena pérola de sabedoria. Eu parecia uma idiota. Só um ator profissional poderia fazer um falso aceno parecer genuíno. O resto de nós parece um fantoche.

A estratégia de "manter contato visual" também é inútil ou pior. Quando a testei em uma entrevista de trabalho, a representante de recursos humanos perguntou, séria, se eu tinha tomado muito café. "Você parece muito concentrada", disse, com um riso nervoso. Não foi esse o efeito pretendido.

Depois de experimentar quase todos os conselhos que ouvi sobre conversas — e constatar que a maioria parece artificial e exagerada na prática —, comecei a questionar minhas suposições sobre o que faz uma boa comunicação. Talvez, pensei, muito do que tinha aprendido ao longo da vida estivesse errado. Talvez as estratégias que memorizei e dominava não eram tão úteis quanto imaginei. Eu teria que me livrar de todos os anos de treinamento e começar do zero. Teria que admitir que, quando se tratava de conversas, talvez eu não fosse tão esperta quanto acreditava ser.

4
PREPARE O TERRENO

> Se você alinhar as expectativas com a realidade, nunca ficará desapontado.
>
> — TERRELL OWENS

Apresentei um programa chamado *Front Row Center*, na WDET, em Detroit. Era um programa semanal que tratava de artes e cultura na Capital do Automóvel. Quando digo "cultura", não me refiro só a museus e teatro. Eu também falava de livros sobre caminhadas na Antártica e da história dos semáforos, dos perigos da expansão dos subúrbios e de novas ideias no design de automóveis.

Em uma ocasião, reuni um painel para debater raça e ativismo ambiental. Embora pessoas negras constituam 40% da população norte-americana, elas representam só 12% a 15% dos integrantes dos grupos ambientalistas.[1] Quis saber o motivo e convidei o CEO de uma construtora (um homem branco), a líder de um grupo ambientalista (uma mulher branca) e uma líder comunitária afro-americana para poder conversar sobre o que seria necessário a fim de recrutar mais pessoas negras.

Tínhamos cerca de vinte minutos para conversar. Comecei com uma pergunta sobre diversidade para o construtor e quis saber quantos afro-americanos trabalhavam em sua empresa. Depois, perguntei à ambientalista se ela via números semelhantes em seu grupo. Enquanto ela respondia, a terceira convidada arrancou os fones de ouvido, jogou-os na mesa e saiu da sala pisando forte, furiosa. Estou falando de uma fúria basicamente silenciosa, mas que não deixava dúvidas sobre sua frustração.

Não foi uma entrevista ao vivo, então eu tinha duas opções: pedir licença, seguir a mulher e perguntar o que a tinha aborrecido ou deixá-la ir e continuar a conversa sem ela. Escolhi a segunda opção.

A mulher que deixou a entrevista escreveu uma carta ao meu chefe, insinuando que eu não a deixara falar por ser racista. Ele respondeu que a entrevista tinha se iniciado há noventa segundos quando ela saiu, e também que eu sou multirracial e, portanto, provavelmente sem preconceitos contra negros. Contudo, não estávamos em posição de vantagem moral. Eu facilitava uma discussão sobre o acesso às minorias e a única pessoa negra na sala (além de mim) sentiu-se indesejada e desrespeitada.

A situação ainda me incomoda. Sinto que perdi uma oportunidade. Talvez eu devesse ter-lhe feito a primeira pergunta, mas estava tentando definir a gravidade do problema antes de falar sobre as causas. Talvez eu devesse ter corrido atrás dela. Nunca mais a vi, e lamento por isso.

Realizei milhares de entrevistas em minha carreira, participei de milhares de conversas, e a maioria não terminou com alguém saindo e me acusando de racista (embora o deputado Barney Frank tenha desligado o telefone na minha cara algumas vezes). E, de fato, são as falhas que permanecem na lembrança. Não é assim com todo mundo? Não ficamos ruminando conversas malsucedidas, relembrando o que foi dito ou o que poderíamos ter feito de modo diferente?

Só compreendi esse fracasso anos depois, quando outro entrevistado, um professor, irritou-se porque a entrevista foi muito curta. Ele foi ao estúdio preparado para uma conversa de quinze minutos, mas terminamos depois de cinco, o que o deixou furioso. Um de meus produtores achou graça, pois, segundo ele, aquilo não era motivo para se zangar. "O professor não conhece o ramo de notícias?", perguntou.

Tentei me colocar no lugar do professor. Imaginei os dias que ele passou se preparando, tomando notas e checando fatos. Talvez tenha ensaiado com a mulher ou com um colega, levantado cedo para se vestir com esmero e revisar sua pesquisa. Ele certamente imaginou o transcorrer da entrevista, o que diria. Mas ela terminou tão depressa que ele não teve tempo de dizer todas as coisas importantes que tinha preparado com tanto cuidado.

Ele se zangou porque tinha expectativas específicas que não foram atendidas. Esse também deve ter sido o motivo que irritou a mulher no painel sobre o meio ambiente. Suas expectativas eram altas, ansiosa pela entrevista, e ficou decepcionada quando ela não aconteceu conforme esperava.

As pessoas se aborrecem quando não obtêm o que esperam — isso não é novidade. Primeiro, não percebi o que fazer para amenizar isso. Afinal, não posso impedir que alguém tenha expectativas. Eu não posso saber quais são elas e, mesmo que soubesse, não poderia atender a todas em um programa de rádio ao vivo.

Então, certa manhã, uma jovem entrou no meu estúdio para sua primeira entrevista ao vivo. Sentou-se diante do microfone, esfregando as mãos nas coxas e tomando vários goles de sua garrafa de água.

"Um pouco nervosa?", perguntei.

"Bastante", respondeu.

"Não precisa ter medo. Olhe para mim, tente esquecer o microfone, teremos uma conversa amigável."

"Você poderia me explicar exatamente o que vai acontecer? Dizer, passo a passo, como vai ser a entrevista? Eu me sentirei melhor se souber o que esperar."

Era isso. Saber o que esperar fazia com que se sentisse mais à vontade e segura. Eu não precisava mudar suas expectativas, ela mesma fez isso quando lhe dei as informações que queria. Contei-lhe as minhas expectativas e ela ajustou as dela. Prosseguimos e tivemos uma entrevista fantástica.

Pense em seu médico preferido. O que ele faz que o deixa à vontade? O médico provavelmente age com calma e explica tudo o que vai acontecer ("Vamos fazer um exame de raio X para verificar se houve fratura"), se vai doer ("Você vai sentir uma leve picada") e quais serão os próximos passos ("Se não há fratura, provavelmente você estirou um músculo e vamos ter que enfaixar").

Essa foi uma das lições mais importantes que aprendi como jornalista: explique o que deseja, o que espera e seja honesto. Assim que meus convidados se acomodam, eu digo: "Vou ler uma breve introdução e apresentá-lo em seguida. Temos cerca de doze minutos para falar e eles vão passar depressa, portanto, tente dar respostas focadas e curtas. Se me vir balançar a cabeça ou levantar um dedo, é hora de terminar o segmento e você deve concluir o que estiver dizendo." Essas frases fazem toda a diferença entre um convidado nervoso, que não sabe o que vai acontecer, e um mais descontraído, que sente que tudo está sob controle.

Cheguei à conclusão de que essa estratégia prepara o terreno para conversas melhores, mesmo fora do ar. Por exemplo, quando tive que disciplinar um funcionário recentemente, declarei de imediato o motivo da reunião. Eu disse: "Eu o chamei para lhe dar uma advertência oficial, mas não vai passar disso. Você não vai ser despedido. Quero lhe dizer o quanto você é valioso para mim e para a empresa. Meu objetivo é ajudá-lo a ter êxito e ficar ciente de algumas questões que possam estar atrapalhando seu progresso." Meses depois, ele tinha feito as mudanças necessárias e até recebeu um aumento de salário.

Quando preciso repreender meu filho, tento não dar muitas explicações ou fazer perguntas passivo-agressivas do tipo: "O que foi que eu lhe disse para fazer hoje de manhã?" Eu só digo: "Estou zangada porque você se esqueceu de levar o lixo para fora de novo. Faça isso antes de sair." E como ele é o filho mais perfeito do mundo, ele se levanta, leva o lixo para fora e jura que nunca mais vai se esquecer de fazê-lo. É isso o que acontece.

Porém, primeiro precisamos *saber* o que queremos para poder expressar essas expectativas para alguém. Por isso essa estratégia é tão útil. Ela nos obriga a pensar com antecedência nos objetivos da conversa e explicar o que quer para a outra pessoa. Quando você faz confidências a um amigo, está apenas em busca de um ombro no qual chorar ou de conselhos? Deixe isso claro à outra pessoa, para

Prepare o Terreno

que ela não sinta a necessidade de resolver o seu problema. Se estiver irritado com seu parceiro ou parceira devido a uma questão específica, você só quer externalizar sua frustração ou quer ter uma conversa sobre como evitar repetir o problema?

Pensar em suas expectativas e partilhá-las com seu parceiro de conversa prepara o terreno para um diálogo produtivo. É o mesmo que ir ao mercado com uma lista em vez de passear pelos corredores. É mais provável que você compre o que precisa e saia satisfeito.

Explicar as expectativas é uma das formas mais simples de preparar o terreno para uma conversa eficiente, mas existem alguns outros métodos para criar um ambiente produtivo e fértil. Um deles é pensar em como você está se sentindo antes de iniciar uma discussão importante.

Anteriormente, desdenhei do uso de técnicas de linguagem corporal como balançar a cabeça de modo intencional ou manter contato visual constante. Embora eu acredite que a maioria dos conselhos de comunicação centrados na linguagem corporal é inútil e contraproducente, gestos e entonações naturais e autênticos muitas vezes revelam sentimentos verdadeiros. Por exemplo, se eu pensar em algo que me incomoda quando falo sobre amor, a pessoa perceberá — às vezes subconscientemente — a sensação desagradável, e não a afeição.

Da mesma forma, se você estiver ansioso, distraído, zangado ou apenas estressado, esses sentimentos mudarão o tom de sua voz e a expressão de seu rosto. Devo admitir que isso é um problema para mim: todos os pensamentos que passam por minha mente são imediatamente expressos em meu rosto. É por isso que não sei mentir e que sou uma péssima jogadora de pôquer. Talvez você pense que no rádio isso não importa, já que o público não pode ver meu rosto, mas o entrevistado pode me ver e sabe exatamente o que estou pensando.

Levamos expectativas para todas as conversas, mesmo as breves. E isso é o que passa por nossa cabeça antes de falarmos. Nem sempre controlamos o rumo das conversas, mas podemos criar um ambiente para uma comunicação franca e autêntica se primeiro partilharmos nossas expectativas e ficarmos atentos aos nossos pensamentos e sentimentos. Podemos fertilizar o solo antes de plantar as sementes.

O restante deste livro se concentrará em como podemos manter conversas melhores, mas é preciso estarmos cientes de que o que ocorre antes delas é igualmente importante. Prepare o terreno para um diálogo bem-sucedido e agradável, certificando-se de que as pessoas em questão estão reunidas para assistirem ao mesmo programa.

5

ALGUMAS CONVERSAS SÃO MAIS DIFÍCEIS QUE OUTRAS

Acho que fugi para a vida. Fico mais interessada quando as conversas se tornam difíceis.

— TAMSIN GREIG

Nos últimos anos, ouvi diversas vezes que há pessoas com quem "simplesmente é impossível conversar". Uma pessoa disse-me que não consegue falar com quem não aceita a existência do racismo institucional. Outra falou que se alguém apoia determinado candidato à presidência, então "não temos nada em comum e nada a dizer um ao outro". Hoje em dia, parece haver cada vez mais obstáculos quando se trata de pessoas com quem nos dispomos a conversar. E, no entanto, a necessidade de manter conversas difíceis nunca foi tão grande.

Uma boa conversa não é necessariamente fácil. Há assuntos delicados e temas tão carregados de emoção que discuti-los pode ser complicado e até perigoso. Mas não existe sequer um ser humano no mundo com quem não tenhamos "nada em comum", tampouco um tema tão explosivo que não possa ser abordado.

Vou contar a história de uma mulher afro-americana, nascida há 85 anos em Muskogee, Oklahoma. Ela tinha uma irmã gêmea, filha de um pastor, chamada Xernona (pronuncia-se "Zer-nô-nã). Em 1965, mudou-se para Atlanta, para trabalhar na Conferência da Liderança Cristã do Sul, ou SCLC, o grupo de direitos civis cujo primeiro presidente foi o Dr. Martin Luther King Jr., e ficou muito amiga de sua esposa, Coretta.

Xernona empenhou-se na dessegregação dos hospitais locais, para que doentes e feridos não tivessem que ser transportados por quilômetros de distância, para uma instituição que aceitasse sua raça. Seu trabalho foi notado pelo prefeito da cidade, Ivan Allen Jr., que a indicou para liderar o programa de Cidades Modelo. Esse programa era parte da Grande Sociedade, do presidente Lyndon Johnson. Sua meta era melhorar bairros pobres e criar uma nova geração de líderes civis negros.

Como chefe das Cidades Modelo em Atlanta, Xernona supervisionava cinco comunidades diferentes, cada qual com seu presidente. Quando iniciou seu trabalho, o prefeito Allen a advertiu sobre um daqueles presidentes, Calvin Craig. Na época, Craig era um "grande dragão" no Reino dos Klans Unidos da América, Cavaleiros da Ku Klux Klan.

Xernona lembrou anos depois que, na primeira reunião com os presidentes, um homem ofereceu apenas as pontas dos dedos ao apertar-lhe a mão, e ela pensou: "Deve ser ele."[1]

No ano seguinte, Xernona e Calvin conversaram quase todos os dias, não apenas sobre raça, mas sobre diversos assuntos. Por algum motivo, Calvin continuava a voltar ao escritório dela no centro de Atlanta.

Eles batiam papo, sempre de modo amigável e respeitoso. Ela diz que ele nunca a chamou pelo primeiro nome. "Ele era um cavalheiro, e dávamos boas risadas", conta Xernona. "E eu perguntei: 'Por que você continua a vir aqui? Nós dois não concordamos em nada.' Ele respondeu: 'Ha ha! Ah, Sra. Clayton, é divertido conversar com a senhora.'"

Quem não soubesse que Clayton e Craig conversavam tanto, certamente ficaria surpreso quando Calvin Craig deu uma entrevista coletiva em abril de 1968, para anunciar sua saída da KKK. Ele disse que, dali em diante, dedicaria a vida para construir um país onde "negros e brancos pudessem ficar lado a lado em uma nação norte-americana unida".[2]

Como a maioria das histórias, esta é mais complicada do que aparenta à primeira vista. Craig acabaria por voltar à KKK, só para abandoná-la de novo anos depois. Mas não é exagero afirmar que Xernona o convencera a mudar de ideia sobre o racismo. O próprio Craig reconheceu sua influência em sua conversão, e sua filha, 43 anos depois da histórica entrevista coletiva, ligou para Xernona e pediu para vê-la. "Vim aqui para lhe agradecer", falou quando se encontraram, "porque você curou meu pai e reabilitou nossa família." Xernona explicou que não tinha se proposto a mudar a opinião do Sr. Craig. O Dr. King tinha lhe dito: "Você tem que mudar o coração desse homem antes de mudar seu comportamento."

Adoro esta história, pois é um exemplo do poder da conversação entre duas pessoas que se dispõem a ouvir e a aprender uma com a outra. Ela mostra o quanto uma conversa pode ser transformadora. Também é uma resposta a todas as pessoas que afirmam "não conseguir" conversar com alguém porque suas opiniões são ofensivas demais.

Se uma mulher afro-americana foi capaz de conversar com respeito e franqueza com um grande dragão da KKK, acho difícil não falar com o rapaz da cafeteria, usando uma camiseta estampada com o retrato de Trump, ou com a mulher no escritório, que não para de falar sobre sua dieta vegana.

Contudo, algumas conversas são mais difíceis que outras. Alguns temas são mais delicados e apresentam maior risco de ofender ou magoar alguém. Assim, vou lhe oferecer alguns métodos comprovados para ter uma conversa difícil, sem transformá-la em uma discussão.

De acordo com minha experiência e minhas pesquisas, identifiquei cinco estratégias básicas que viabilizam um diálogo produtivo. Elas são: seja curioso, controle seus preconceitos, mostre respeito, mantenha o rumo e conclua de forma positiva.

O primeiro componente, ser curioso, trata de uma disposição real de aprender algo com alguém. Xernona Clayton não conversava com Craig com a intenção de educá-lo ou convencê-lo de que estava errado. Ela tinha curiosidade em saber em que ele baseava suas crenças, conhecer a pessoa que defendia opiniões que ameaçavam a sua existência.

Em 2016, Amaryllis Fox, ex-espiã da CIA, deu uma entrevista um tanto controversa à Al Jazira. Algumas pessoas discordaram com veemência de como ela caracterizou a guerra ao terror, mas acho que suas observações são extremamente valiosas para quem deseja aprender como conversar melhor.

Fox explicou como conseguiu conversar com terroristas e extremistas em seu trabalho. "Todos acreditam que são os 'mocinhos'", disse ela. "A única forma de desarmar seu inimigo é ouvindo-o. Se você escutar tudo o que ele tem a dizer, se for corajoso o bastante para ouvir sua história, muitas vezes concluirá que faria as mesmas escolhas se estivesse no lugar dele."

Fox não sugeriu que devemos acreditar que a pessoa de quem discordamos é "o mocinho". Ela disse que é útil compreender como a pessoa se vê.

Falou sobre nos interessarmos pela cultura, pelos eventos e pelos relacionamentos que formaram a opinião dessa pessoa e refletirmos como nosso pensamento seria impactado se fôssemos expostos ao mesmo conjunto de experiências.

Ela também falou sobre controlar seus preconceitos. Colocar-se no lugar do outro é uma forma de fazê-lo. Outra é resistir ao impulso — que é muito forte — de sempre decidir se concordaremos com tudo o que é dito. *Ouvir* alguém não significa concordar com ele. O objetivo de ouvir é compreender, não aceitar.

Muitas vezes, decidimos depressa se concordaremos ou não com alguém. Ouvimos palavras que servem de indício de suas políticas ou crenças e as usamos para classificá-las em grupos. Em um grupo, reunimos todos que pensam como nós. No outro, todos que pensam diferente. Porém, essa classificação não é precisa.

Imagine que seu filho queira dormir na casa de um amigo. Você liga para a mãe dele para acertar detalhes. Quer certificar-se de que seu filho ficará seguro. Talvez tenham uma conversa agradável sobre eventos locais, o tempo, as notícias. Mas você pergunta sobre as regras da casa ou suas opiniões sobre disciplina? Afinal, concordar sobre as mudanças climáticas não é o mesmo que concordar sobre a criação de filhos. Usar valores políticos ou sociais como padrão para os valores familiares de alguém pode ter consequências indesejadas e até perigosas.

A tendência de reunir pessoas em grupos é conhecida como o "efeito halo e de chifre". Psicólogos o chamam de viés cognitivo, ou "viés do ponto cego". Basicamente, quando aprovamos uma característica de alguém, temos maior probabilidade de julgá-lo positivamente em outros aspectos. É necessário apenas um interesse importante em comum para que consideremos alguém crível, confiável e simpático.

O oposto também se aplica: se desaprovamos a aparência, opinião, ocupação ou outro aspecto pessoal de alguém, é mais provável que desaprovemos tudo a seu respeito. Vemos isso ocorrer o tempo todo na vida pública e na particular. Alguém cumpriu pena por posse de drogas e decidimos que a pessoa é ameaçadora e perigosa. O marido de uma amiga a traiu, e resolvemos não lhe dar boas referência para um emprego.

As pesquisas mostram que, embora quase todos reconheçam a existência do preconceito, achamos que *nós* não somos influenciados por ele com frequência. Aceitamos a existência arraigada do preconceito inconsciente, mas não temos consciência do nosso preconceito.

Essa é a verdade: somos todos preconceituosos. Cada ser humano é afetado por preconceitos inconscientes, que nos levam a suposições incorretas sobre outras pessoas.[3] Todo mundo.

Até certo ponto, o preconceito é uma habilidade necessária de sobrevivência. Imagine que você é um dos primeiros seres humanos, talvez um *Homo erectus*, perambulando pelas florestas, e vê um animal se aproximando. É preciso resolver depressa se o animal representa ou não uma ameaça, com base apenas na aparência. O mesmo ocorre com outros seres humanos. Em questão de segundos, avaliamos os perigos a fim de termos tempo para fugir, se necessário. Talvez essa seja a raiz de nossa tendência de categorizar e classificar as pessoas de acordo com sua aparência e suas roupas.

Décadas atrás, alguns psicólogos encaravam o preconceito como um triste efeito colateral de uma educação inadequada. Hoje sabemos que ele se baseia no instinto de sobrevivência e na necessidade de entender um mundo complicado.[4] O racismo nunca é aceitável, mas, se quisermos erradicá-lo, devemos compreendê-lo. E precisamos reconhecer que algumas dessas raízes, embora não todas, têm fundamento biográfico. O preconceito racial começa quando criamos estereótipos sobre uma raça: aquela pessoa é ruim, portanto, todos os membros dessa raça são ruins.

O senso de comunidade é importante para os seres humanos, e tendemos a pensar mal de qualquer pessoa que não é membro de nosso grupo. Criamos estereótipos para estranhos e os reunimos em categorias. Segundo o Dr. John Bargh, professor de psicologia da Universidade de Yale, onde é diretor do laboratório de Automaticidade em Cognição, Motivação e Avaliação (ACME): "Estereótipos são categorias que foram longe demais. Quando os usamos, notamos o gênero, a idade e a cor da pele da pessoa diante de nós, e nossas mentes respondem com mensagens que dizem 'hostil', 'estúpido', 'lerdo', 'fraco'. Essas características não estão no meio ambiente. Elas não refletem a realidade."

Pode ser tentador acreditar que todos os estereótipos estão enraizados na história e na ignorância, mas alguns são realmente bem modernos, e novos surgem com regularidade. Na verdade, os cientistas reproduziram a criação de estereótipos em laboratório, o que significa que criamos estereótipos a qualquer momento, e o tempo não conseguirá destruir esse processo.[5] Estereótipos mudam e evoluem ao longo dos anos, o que ressalta um aspecto importante: eles não se baseiam em fatos ou na verdade, mas em conjeturas. Por exemplo, não faz muito tempo que cor-de-rosa era considerada uma cor masculina. Um exemplar da *Ladies Home Journal*, de junho de 1918, aconselhou os pais que "a regra geral aceita é cor-de-rosa para meninos e azul para meninas. Isso porque o cor-de-rosa, por ser uma cor mais forte e definida, é mais adequado para os meninos, enquanto o azul, mais delicado e suave, fica bonito nas meninas."

É evidente que hoje prevalecem os estereótipos de gêneros opostos. Embora a cor da manta de um bebê seja um exemplo superficial de estereótipo, sua própria infantilidade mostra o quanto eles são frágeis. Quando iniciamos uma conversa, todas as nossas noções preconcebidas — a maioria das quais não tem fundamento na realidade — afetarão seu resultado. Não importa o quanto sua opinião pareça certa e verdadeira, ela pode ser um estereótipo, e não um fato. Tente reconhecer sua tendenciosidade e deixe-a de lado durante toda a conversa. Faça o possível para ouvir sem julgar e não decida minuto a minuto sobre o que concorda.

Lembre-se de que muitas de nossas divisões são atribuídas ao hábito de classificar todos que discordam de nós como "intrusos". E, quando encaramos as outras pessoas como diferentes, lutamos para nos fazer entender. Às vezes, simplesmente desistimos. Vinson Cunningham, redator do *New Yorker*, escreveu em um artigo de 2016: "Acredito que o grande perigo de nossa polarização reside em um fato que se tornou inevitavelmente claro nos últimos meses: a antiga linguagem comum norte-americana desapareceu, talvez para sempre... não falamos mais dentro dos limites de um idioma (onde compreender é difícil, mas possível), mas através de um espaço que parece se alargar todos os dias."[6] Reconhecer nossos preconceitos pode ajudar a reduzir esse espaço.

Minha terceira sugestão é sempre mostrar respeito. O respeito é a base para qualquer troca significativa de ideias. E uma pesquisa recente[7] mostra que muitas pessoas concordam comigo nesse ponto. Quase todos os entrevistados disseram que mostrar respeito nas conversas é ainda mais importante do que chegar a um consenso.

Para mostrar respeito, é preciso encarar a outra pessoa como um ser humano merecedor de respeito. E será necessário encontrar um meio de mostrar empatia, apesar das divergências. Um jeito de fazer isso é supor que todos procuram levar algo de positivo às suas vidas. Se você encontrar alguém de quem não gosta ou que não entende, tente identificar qual é o seu objetivo.

Pratique habilidades de empatia assistindo a vídeos de uma figura pública de quem discorda. Assista a uma palestra ou entrevista dada por essa pessoa e concentre-se em ver essa pessoa como alguém que tenta realizar algo em que acredita. Do ponto de vista dela, sua meta é positiva e construtiva. Tente imaginar qual é seu objetivo final. Concentre-se em suas intenções positivas. Não é fácil, não é mesmo? Mas é essencial, se quiser respeitar essa pessoa. Talvez ela tome decisões diferentes das que você tomaria, tenha aprendido lições diferentes das suas, mas ela está tentando fazer o melhor.

Tento praticar minhas habilidades de empatia no trânsito, o que, para mim, é bastante desafiador. Se alguém me dá uma fechada ou avança um sinal vermelho, meu primeiro impulso é supor — e, às vezes, dizer em voz alta — coisas terríveis sobre sua inteligência e educação. Ultimamente, porém, tenho tentado imaginar por que estão com tanta pressa ou de mau humor. Em vez dos palavrões que *quero* dizer, eu penso: *Ela deve ter tido um dia ruim. Talvez esteja com pressa para chegar em casa e ver o filho.* Como mãe, posso sentir empatia.

Não importa se o cenário que imaginei é real ou se a pessoa é apenas uma péssima motorista, porque o objetivo do exercício é treinar minha mente para enxergar os outros como indivíduos, que enfrentam desafios diários iguais aos meus. O objetivo é criar o hábito de ver os outros como seres humanos falíveis, que só estão tentando viver em um mundo difícil. O exercício é bom para mim, não para a outra pessoa.

É complicado ter uma conversa produtiva com alguém que não respeitamos, e nossa opinião sobre essa pessoa, e sobre o que ela diz, provavelmente não será precisa.

Meu próximo conselho para participar de uma conversa difícil é ficar firme. Se durante uma conversa surgir um tema proibido — morte, divórcio ou raça —, não tente mudar de assunto. Não faça piada, tampouco saia pela tangente. Conversas sobre temas difíceis costumam ser desconfortáveis, principalmente se você não souber o que dizer.

Contudo, evite se frustrar e se afastar. É preferível ficar em silêncio a fugir.

Se você não tiver nada a dizer, escute. Aceite que não vai chegar a um consenso e que não há problema em discordar. Nem toda conversa, nem mesmo a maioria delas, terminará com abraços e comemorações. Às vezes, só saber o que o outro pensa, sem que ninguém mude de ideia, é mais do que suficiente. Usufrua da conversa ou, pelo menos, extraia satisfação dela.

E meu último conselho se aplica a todas as conversas, mas especialmente às difíceis: conclua de forma positiva. Você não precisa ter a última palavra. Resista a essa tentação se pretende manter um relacionamento amistoso com a outra pessoa.

E não deixe de agradecer pela troca de ideias. Pode ser complicado falar sobre política ou religião com outra pessoa, então demonstre gratidão por seu tempo e franqueza. Se a conversa terminar em termos amistosos e gentis, preparará o terreno e o tom para conversas futuras.

Naturalmente, nem sempre você seguirá essas sugestões, e tudo bem. Não espero que você seja perfeito ao conduzir uma conversa, assim como eu não sou. Certa vez, deixei uma discussão sobre tiroteio com a polícia sair do controle ao ponto de meu marido e eu dormirmos em quartos separados por alguns dias. Lembre-se, a emoção não é uma falha de caráter — somos criaturas feitas para sentir emoções. Às vezes, rendemo-nos aos sentimentos do momento, e as boas intenções fogem pela janela.

Se isso acontecer, e você disser algo que não deve, desculpe-se na mesma hora. Reconheça que os comentários foram ofensivos ou errados e não procure se justificar. Depois, esqueça o erro, e siga em frente.

Se aprendermos a falar sobre temas difíceis, se encontrarmos pontos em comum e descobrirmos questões sobre as quais concordamos, será possível resolver alguns dos problemas mais complicados que enfrentamos. Abra sua mente e sua boca, e faça novas perguntas a pessoas novas. Só precisamos de uma boa conversa para mudar a forma como compreendemos o mundo de outra pessoa, o nosso mundo e o mundo em geral.

Às vezes, uma conversa difícil escapa ao controle — intenções ou palavras são mal compreendidas, as pessoas se zangam, se magoam. Só há um jeito de seguir em frente: alguém tem que dizer que sente muito.

Não é fácil pedir desculpas. Pode ser penoso e constrangedor, mas é essa a questão. Quando nos desculpamos, a outra pessoa vê nossa dificuldade, sabe que estamos pouco à vontade, e sua resposta solidária entra em ação. Desculpas sinceras são poderosos agentes de reconciliação.

Descobri que um pedido de desculpas sincero pode fazer milagres em uma conversa e já me desculpei por acontecimentos pelos quais não era responsável. Às vezes, sinto que gostaria de fazer um tour de desculpas pelo mundo. Não o Tour de Desculpas que Barack Obama foi acusado de realizar, mas uma viagem a várias cidades para dizer às pessoas que sinto muito pelas coisas difíceis pelas quais temos passado.

Eis um exemplo. Há pouco tempo, eu estava em um aeroporto lendo um livro chamado *Blood at the Root* [*Sangue na Raiz*, em tradução livre], preparando-me para uma entrevista com o autor. O livro fala da expulsão de todos os afro-americanos do condado de Forsyth, na Geórgia, em 1912. Brancos armados usaram ameaças, violência e fogo para tirar todos os cidadãos negros de seus limites, e o condado permaneceu totalmente branco durante pelo menos 75 anos.[8]

Uma mulher loira sentada à minha frente perguntou-me sobre o livro e começamos a conversar. Ela contou que cresceu em uma cidade só de brancos. Lembrou-se de quando uma família de mexicanos se mudou para lá e de como as pessoas foram desagradáveis. Caixas nos supermercados não olhavam nem falavam com eles, apenas registravam os produtos e esperavam em silêncio o pagamento.

A mulher contou que seus pais disseram coisas terríveis sobre essa família, coisas que hoje ela sabe que eram racistas, odiosas e infundadas. Mas ela não entende por que as pessoas a censuram pelo que os pais fizeram. "É racismo supor que eu seja racista", disse ela.

"Só porque quero que todos venham para os Estados Unidos legalmente não significa que eu seja racista", continuou ela. "Não me importo com a cor da pessoa e de onde ela vem, só acho que deve obedecer à lei. As pessoas me disseram coisas horríveis."

Nesse momento, sentei-me ao lado dela, olhei-a nos olhos e disse: "Eu sinto muito, de verdade. Eu sinto por você não ter podido manifestar sua opinião sem que a ofendessem, e sinto muito porque as pessoas lhe disseram coisas horríveis."

Como esperava essa reação, vi a mulher se descontrair. Vi os músculos ao redor de seus olhos relaxarem, e sua boca se abrir em um sorriso. "Obrigada", disse ela. "Obrigada por dizer isso. Eu me sinto muito mal. Sinto como se não pudesse dizer nada."

Conversamos durante mais uns vinte minutos, até a Delta iniciar o embarque de meu voo. Quando me levantei, ela me agradeceu de novo por escutá-la e disse que entendia o quanto suas opiniões podiam parecer ofensivas para algumas pessoas. "Nunca pensei em como eu as expressava. Só dei importância ao que eu sentia", falou ela. "Não ouvi o outro lado."

Acho que ela se despediu com uma visão mais ampla sobre a questão, embora não possa ter certeza. Mas sei que eu fui embora com mais empatia por ela e pelas pessoas que compartilham da mesma opinião. Também senti prazer por ter oferecido condolências sinceras e ter testemunhado seu poder transformador.

Desculpas, se forem sinceras e honestas, podem vir de qualquer pessoa. Depois de anos exigindo desculpas do governo australiano pelo tratamento horrível dispensado aos aborígenes no passado, o país instituiu o "Dia Nacional do Perdão", comemorado em 26 de maio. Essa resposta está longe de ser suficiente para os longos e sistêmicos abusos, mas oferece, todos os anos, uma plataforma para o governo reconhecer os danos que causou e se desculpar por eles.

Desculpas são mágicas. É assim que passei a encará-las, apesar de os cientistas terem identificado os efeitos reais e não mágicos que os gestos conciliadores exercem no cérebro. Michael McCullough, professor de psicologia da Universidade de Miami, realizou um trabalho pioneiro sobre pedidos de desculpas e perdão. Ele afirmou que as pessoas pressupõem erradamente que os seres humanos são inerentemente egoístas e maus. "Os seres humanos precisam de relacionamentos", falou McCullough, "assim, a seleção natural nos deu ferramentas para restaurarmos relacionamentos importantes depois de terem sido prejudicados por conflitos".[9]

Quando alguém é ofendido, seu cérebro experimenta uma perturbação induzida por substâncias químicas. Ele tentará solucionar um conflito emocional não resolvido durante anos, mesmo que subconscientemente. Michael McCullough dirige o Laboratório de Evolução e Comportamento Humano na Universidade de Miami, em Coral Gables, onde estuda comportamentos como vingança, autocontrole e gratidão. Ele explica, muito melhor que eu, o objetivo do pedido de desculpas. Eis um trecho de sua entrevista no programa da NPR, *On Being*, apresentado por Krista Tippett:

SR. MCCULLOUGH: Se você observar o cérebro de uma pessoa que foi prejudicada por alguém — que foi ridicularizada, assediada ou insultada —, a tecnologia nos permite ver o que está acontecendo ali. Assim, vemos qual é a aparência do cérebro durante uma vingança. Ele se parece exatamente com o cérebro de alguém que está com sede ou prestes a tomar um refrigerante, ou alguém faminto, que está prestes a comer um pedaço de chocolate.

TIPPETT: É como satisfazer um desejo?

SR. MCCULLOUGH: Isso mesmo. É, literalmente, um desejo. O que vemos é a intensa satisfação no sistema de recompensas do cérebro... O desejo de vingança não vem de alguma parte sombria e doentia de como nossas mentes funcionam. Ele é o desejo de resolver um problema e alcançar uma meta.[10]

Mesmo que alguém não tenha motivo para se sentir lesado, isso não muda a intensidade da emoção em sua mente. Ele *deseja* uma solução e um alívio. Podemos ao menos lhe conceder uma amostra disso.

Três coisas acontecem quando nos desculpamos com sinceridade. Primeiro, reconhecemos a raiva ou a tristeza da pessoa. Confirmamos seus motivos por estar zangada ou que sua raiva é real. Muitas vezes, essa atitude a desarma. Pesquisas mostram que, depois do pedido de desculpas, ela não o vê mais como ameaça ou como alguém que a magoará outra vez. Ela abandona a postura defensiva. E, finalmente, quando você tem êxito, o cérebro dela se prepara para perdoar. É possível até que ela esqueça o motivo da mágoa. Beverly Engel, psicoterapeuta especializada em recuperação de traumas, escreve em seu livro *The Power of Apology* [*O Poder do Perdão*, em tradução livre]: "Embora um pedido de desculpas não possa desfazer atos prejudiciais passados, se oferecido com sinceridade e eficiência, desfaz seus efeitos negativos."[11]

Um pedido de desculpas exerce efeitos altamente positivos para quem o oferece. Para se desculpar com alguém, reconheça o motivo da irritação. Para tanto, coloque-se no lugar da pessoa por um momento. Esse exercício aumenta a empatia.

Para oferecer minhas condolências à mulher no aeroporto, imaginei como ela se sentiu ao ser chamada de racista. É evidente que ela ficou muito magoada. Como é ser injustamente insultado? Enquanto eu escutava e a encorajava a continuar explicando seu ponto de vista, tentei enxergar a situação através dos olhos dela. Sou uma pessoa melhor por ter feito isso, e não foi difícil dizer a ela, sinceramente: "Eu sinto muito. Posso ver que isso doeu muito, e sinto muito."

Quero deixar claro que não falo de circunstâncias extremas, mas sobre as conversas comuns que temos no dia a dia. Não sugiro que você se desculpe com um assassino ou com uma pessoa que tenha cometido um terrível ato de crueldade. Não estou falando sobre uma conversa com Pol Pot, cuja tirania matou cerca de 1,5 milhão de pessoas. Estou falando do bate-papo com um desconhecido na cafeteria ou com um colega de trabalho no refeitório.

No fim, não importa se eu concordei ou não com a mulher no aeroporto. O importante foi reconhecer a mágoa e lhe dar a oportunidade de falar a respeito. Ela abandonou sua atitude defensiva e, pela primeira vez na vida, escutou com a mente aberta o que disse. Partiu se sentindo compreendida, e não zangada. Talvez ela fique mais propensa a ter conversas como essa no futuro.

E tudo porque ela puxou conversa com uma desconhecida, que lhe ofereceu as condolências que estava buscando há anos. Com o devido respeito à ciência — isso realmente parece mágica para mim.

O PODER DE UM PEDIDO DE DESCULPAS

Em 7 de dezembro de 1970, Willy Brandt, o chanceler da Alemanha, fez uma visita oficial à Polônia. Naquele momento, a Alemanha estava em meio a negociações tensas com o vizinho do noroeste. Brandt fez uma parada planejada em um monumento ao Levantamento do Gueto de Varsóvia. Foi uma obrigação formal e um tanto pomposa, não muito diferente de qualquer outra visita oficial a um monumento, exceto pelo fato de que Brandt era o líder da Alemanha e estava visitando um memorial ao local onde morreram 13 mil judeus nas mãos de soldados alemães.

A Polônia foi ocupada pelos alemães em 1943. O país tinha uma população de 3 milhões de judeus quando foi invadida pelos nazistas, no outono de 1939. Os alemães colocaram a maioria dos judeus poloneses em guetos, onde muitos morreram de fome e doenças. O maior gueto ficava em Varsóvia. Até 4 mil pessoas abarrotaram um espaço menor do que 6km^2.

No verão de 1942, os alemães começaram a remover milhares de judeus todos os dias para "repovoar o leste". Quando descobriu o que significava "repovoar", o líder do Conselho Judaico tirou a própria vida. No final do ano, as pessoas no gueto compreenderam que amigos e entes queridos não estavam sendo levados para campos de trabalho, mas para a morte. Elas decidiram reagir.

Em janeiro de 1943, os judeus do gueto de Varsóvia combateram as tropas da SS com armas e granadas. Em abril, receberam ordens de se render. Eles recusaram. Assim, os soldados alemães avançaram metodicamente pelas ruas, incendiando as casas e os negócios dos judeus com lança-chamas. Um sobrevivente descreveu o ataque à BBC: "Um mar de chamas inundou as casas e os pátios... Não havia ar, apenas fumaça preta e asfixiante se irradiando das paredes em brasa, dos degraus de pedra incandescentes."[12]

No fim, 13 mil judeus morreram. Metade sucumbiu às chamas ou à fumaça. O resto foi morto por explosivos, tiros e outros métodos violentos. Anos mais tarde, o comandante alemão, Jürgen Stroop, descreveu a cena para um colega de cela em uma prisão polonesa: "Que visão maravilhosa. Uma fantástica peça teatral. Meus soldados e eu assistimos de longe. Eu segurava um dispositivo elétrico que detonaria todas as cargas ao mesmo tempo. O momento pedia silêncio. Olhei para meus corajosos oficiais e soldados, cansados e sujos, suas silhuetas contra o clarão dos prédios em chamas. Depois de prolongar o suspense por um momento, gritei: 'Heil Hitler', e apertei o botão."[13]

Contei essa história para que você entenda o significado da visita do líder da Alemanha àquele memorial erguido no local em que tantos judeus foram queimados vivos. A propósito, o chanceler não teve nada a ver com o ocorrido em Varsóvia. Ele fugiu da Alemanha nos anos 1930 para escapar à perseguição nazista. Trabalhou contra o regime de Hitler durante anos e teve a cidadania alemã cassada. Brandt não fez mal algum aos judeus durante a guerra.

No vídeo da visita, vemos o chanceler Brandt, sem expressão, de terno e sobretudo escuros, cercado por oficiais e soldados em posição de sentido, caminhando lentamente até o monumento. Quando se aproximou da estátua, colocou uma coroa de flores diante dela e, então, para choque e surpresa de todos, caiu de joelhos. Ficou ali por algum tempo, em completo silêncio, ajoelhado com as mãos entrelaçadas a sua frente. Todos os relatos afirmam que o gesto foi espontâneo, e Brandt simplesmente foi dominado pela emoção do momento. Naquele dia, ele assinou o Tratado de Varsóvia, que estabeleceu a nova fronteira germano-polonesa.

> Esse simples gesto — ajoelhar-se com humilde pesar — foi visto por todos como um importante avanço nas relações entre a Alemanha e não apenas a Polônia, mas todo o Leste Europeu. Brandt recebeu o Prêmio Nobel da Paz no ano seguinte, e a Polônia ergueu uma estátua em sua honra, perto do monumento diante do qual se ajoelhara em silêncio.

PARTE II

"O meu conceito de boa companhia... é estar acompanhada por pessoas inteligentes e bem informadas, que saibam conversar; é isso que chamo de boa companhia."

"Está enganada", disse ele gentilmente, "isso não é boa companhia, é a melhor."

— JANE AUSTEN, *PERSUASÃO*

Os próximos dez capítulos concentram-se em estratégias específicas para melhorar imediatamente as conversas que você tem todos os dias. Quando digo "imediatamente", não quero dizer quando terminar de ler este livro. Em muitos casos, implementar essas ferramentas exigirá que você desaprenda toda uma vida de maus hábitos de conversa. E isso leva tempo.

Pratiquei essas técnicas durante anos e ainda não as domino. Modificar maus hábitos é difícil. Seja paciente consigo mesmo. Escolha um aspecto simples no qual trabalhar primeiro — é uma boa ideia começar com a área que você considera mais fácil de controlar. Você tem dificuldade em se concentrar durante as conversas? Você se aborrece ou se distrai com facilidade? Você costuma ficar tentado a realizar várias tarefas ao mesmo tempo? Então vá até o Capítulo 6 e aja para melhorar sua atenção. Quando sentir que é capaz de concentrar-se nas conversas, passe a trabalhar em uma habilidade diferente. É importante dar um passo por vez.

Quero deixar claro desde o início que, para os fins deste livro, quando falo de "conversa", sempre falo de uma boa conversa. Em minha opinião, a maioria das trocas de palavras que ocorrem durante o dia não se encaixa nessa categoria. Todos temos conversas breves e específicas no trabalho e em casa que não exigem sutilezas ou paciência. Não se preocupe com os tipos de pergunta que faz se estiver só falando sobre um filme ao qual deseja assistir ou explicando a um colega como acessar sua conta de e-mail.

Este livro destina-se a conversas mais complicadas e, portanto, mais propensas a darem errado. Se você tentar transformar todos os bate-papos em conversas profundas e intensas, ficará exausto o tempo todo. Deixe o contexto ditar como usar o que aprender aqui. Se estiver treinando alguém, não há problema em falar mais. Se o estiver ensinando, então é esperado que tente educá-lo, embora eu geralmente recomende que não o faça.

Além disso, muitas vezes uso minhas próprias entrevistas como exemplo para implementar essas estratégias. É por isso que minhas pesquisas sobre conversação começaram como um meio de me tornar uma entrevistadora melhor. Talvez você pense que esses exemplos não sirvam para você, porque entrevistas não são conversas. Mas, no fundo, elas são exatamente isso.

Durante minhas pesquisas, a maior surpresa que tive foi constatar que as técnicas que me ajudavam no estúdio funcionavam igualmente bem na cafeteria. Esses métodos o ajudarão no escritório, na academia e na escola de seu filho. Também serão úteis se tiver que realizar várias entrevistas como jornalista ou recrutador. Sua vantagem em relação a mim é que provavelmente não terá que interromper a conversa porque é hora de exibir um intervalo comercial.

Outro ponto a ser lembrado: todas as conversas que você terá serão diferentes das demais. Não vou lhe apresentar aqui palavras ou frases específicas para melhorar as suas conversas. Não existe algo como uma chave-mestra da conversação.

Entretanto, descobri que as melhores conversas ocorrem quando estou totalmente envolvida. Por exemplo, recentemente tive uma conversa com um colega sobre atualizações para nosso estúdio. Ele começou a enumerar os detalhes de preços de equipamentos e as datas que seriam enviados, e minha mente começou a vagar. Eu reagi dizendo: "Uau! Acho que não tomei café suficiente, pois estou com dificuldade de acompanhar você. Podemos voltar à parte sobre quando o equipamento será instalado? Isso é provavelmente o mais profundo que minha mente consegue ir no momento."

Isso funcionou para mim. Ele riu, eu ri, e então a conversa retomou o rumo certo. Mas isso provavelmente não vai funcionar pra você, pois você talvez se expresse de forma diferente. Minha esperança é que você reaja com honestidade e autenticidade em suas conversas, porque isso cria as melhores interações.

Mais uma coisa antes de passarmos às regras. Lembre-se, todas as regras têm exceções. Há situações em que é útil apresentar uma história sobre sua experiência a título de comparação. Há circunstâncias em que está tudo bem fazer perguntas complicadas ou falar sobre nomes e datas e outros detalhes "chatos". Há momentos em que interromper com uma história engraçada que aconteceu no correio é exatamente a coisa certa a fazer.

Este livro é o ponto alto de cinco anos de pesquisas. Eu me dispus a reunir as melhores informações possíveis com as pessoas que estudaram essas questões em profundidade, e acrescentei descobertas de minha experiência profissional. As suas observações são a terceira parte desse triângulo. É importante levar em conta a sua experiência, mas tome cuidado para não permitir que ela se sobreponha às opiniões profissionais. (Depois de ler o Capítulo 7, e aprender com que facilidade a mente pode ser enganada, talvez você entenda porque recomendo várias etapas de verificação.)

Descobri que seguir esse conselho produz melhores conversas, ligações mais profundas e relacionamentos mais ricos. Espero que isso tenha o mesmo impacto em sua vida.

6
OU VOCÊ FICA OU VAI EMBORA

> Todos sabem o que é atenção. É fazer a mente se apoderar, com clareza e vivacidade, de um entre vários objetos ou linhas de pensamento possíveis naquele mesmo momento.
>
> — WILLIAM JAMES

Se você acha que consegue fazer duas coisas ao mesmo tempo, sinto informar-lhe que está enganado. Ao contrário do que se acredita, os seres humanos não são capazes de realizar multitasking.[1]

Na verdade, nunca houve intenção de aplicar o conceito de multitasking a pessoas. Ele foi inicialmente usado para descrever um computador que executa vários programas ao mesmo tempo. Contudo, o cérebro humano não trabalha como o sistema operacional de um computador. Nós nos concentramos em uma única tarefa por vez.

Muitas pessoas *acham* que são multitarefas, e eu era uma delas. Se você já observou um cozinheiro de pratos rápidos, uma enfermeira de um pronto-

-socorro ou um professor de ensino médio trabalhar, acreditará que é possível. Porém, Earl Miller, neurocientista do MIT, diz: "O cérebro é muito bom em se iludir."[2] Quando achamos que estamos realizando multitarefas, na verdade passamos rapidamente de uma a outra. Não percebemos essa mudança de atenção e, assim, acreditamos que nos concentramos em duas atividades ao mesmo tempo. Infelizmente, esse é o motivo pelo qual muitas pessoas continuam a enviar mensagens de texto enquanto dirigem.

Não conseguimos realizar duas tarefas ao mesmo tempo, principalmente se elas usarem a mesma parte do cérebro. Isso significa que não é possível escrever um e-mail e falar ao telefone, porque o hemisfério esquerdo não consegue lidar com ambas as atividades. Segundo Miller: "Ambas envolvem comunicação por meio da palavra escrita ou falada, e ocorre conflito entre elas." Esse conflito é conhecido como interferência.

O mesmo ocorre se você conversar com um colega enquanto lê o feed do Facebook, ou com o mecânico de seu carro enquanto consulta preços de câmbios no tablet. Já perdi a conta de quantas refeições queimei por conversar com meu filho e assistir a um filme enquanto cozinhava.

No entanto, *tentar* realizar multitarefas é muito agradável para o cérebro. A rápida troca de uma ação a outra "cria um círculo contínuo de adição de dopamina, recompensando o cérebro por perder o foco e constantemente procurando estímulos externos", segundo o neurocientista Daniel J. Levitin. No fim, pagamos um alto preço por esse efeito prazeroso da dopamina. A troca rápida em nossos neurônios aumenta a produção de cortisol e adrenalina, dois hormônios que "superestimulam o cérebro e causam névoa mental e dificuldade de raciocínio".[3]

Isso significa que, embora a realização de multitarefas o faça se sentir muito eficiente, o seu raciocínio fica confuso sem que você se dê conta do impacto em suas habilidades cognitivas. Além disso, o cortisol e a adrenalina também causam estresse e ansiedade. Assim, sentimo-nos cheios de energia enquanto fazemos três coisas ao mesmo tempo, mas, no final, ficamos ansiosos. E, como nossas habilidades cognitivas foram reduzidas, temos motivos para ficar nervosos — provavelmente cometemos algum erro pelo caminho.

Portanto, se deseja ter uma boa conversa, deve dedicar-lhe toda a sua atenção. Sei como é difícil, visto que a sociedade valoriza as multitarefas e estamos cercados por distrações. Quantas abas você deixa abertas em seu navegador? Com quantos aparelhos eletrônicos você sai de casa? Só com seu smartphone? Um smartphone e um tablet? Se for a uma reunião, o que leva com você? Há pouco, tivemos uma reunião de última hora no escritório e vi uma colega entrar com um notebook, um smartphone e um tablet. Ela os arrumou com cuidado quando a reunião começou e então parou um momento para checar o Fitbit no punho.

Esses dispositivos nos dão a ilusão de maior controle e competência. Eles também nos fazem sentir altamente informados. Essa tecnologia nos deixa mais espertos, certo? Prepare-se, pois os fatos não corroboram essa ilusão. O psicólogo Glenn Wilson constatou que se você estiver tentando se concentrar em uma tarefa, mas sabe que há um e-mail não lido em sua caixa de entrada, seu QI pode cair 10 pontos. O córtex pré-frontal, a parte do cérebro que nos ajuda a priorizar tarefas e tomar decisões práticas, é facilmente distraído por fatos novos. Ele quer ver o que diz o e-mail, gastando energia ao pensar em abrir o e-mail, e suas habilidades cognitivas diminuem.

Mensagens de texto exercem um impacto ainda maior do que os e-mails, porque não precisam ser abertas. Muitos smartphones as exibem de imediato, sobrepondo-se a qualquer coisa que você esteja vendo. "Acrescente a isso a expectativa social de que uma mensagem não respondida parece um insulto a quem a enviou", escreve Daniel J. Levitin no *Guardian*, "e você tem a receita para a dependência: ao receber uma mensagem, seus centros de novidade são ativados. Você a responde e se sente recompensado por ter completado uma tarefa (mesmo que essa tarefa fosse desconhecida 15 segundos antes). Cada uma dessas tarefas joga uma dose de dopamina em seu sistema, enquanto o sistema límbico pede: 'Mais! Mais! Quero mais!'"[4]

Não esqueça que cada mensagem lida produz uma dose de cortisol e adrenalina, que embaçam seu raciocínio e fazem seu sistema dizer: "Estou estressado! Estou ansioso!" Esse ciclo é uma receita para um trabalho insatisfatório e sensações ruins.

Temos a impressão de que maximizamos nosso tempo quando tentamos nos concentrar em várias atividades. M. G. Siegler, empresário de tecnologia, defendeu esse comportamento em um ensaio intitulado "Vou Checar Minhas Mensagens durante o Jantar e Você Vai Lidar com Isso", publicado no site *TechCrunch*. "Perdoe-me, mas é Dinner 2.0 [evento em que pessoas interessadas em tecnologia se reúnem para jantar]", escreve ele. "E, de novo, estou me divertindo mais do que nunca. Parte dele é antissocial? Claro. Pode causar distrações ler um e-mail do trabalho que precisa de resposta? Certamente. Mas é assim que o mundo funciona hoje. Estamos sempre conectados e sempre a postos. E alguns preferem assim."[5]

Deduzo que o pico de dopamina de que os neurocientistas falam é parte do motivo de "alguns preferirem assim", e não estou aqui para lhe dizer o que fazer ou censurá-lo pelas decisões que toma. Eu seria hipócrita se o fizesse, visto que passei a melhor parte de minha vida adulta alegando ser ótima em realizar multitarefas. Durante anos, eu até colocava no currículo como uma "habilidade especial".

Como ocorre com tantas coisas na vida, só aprendi minha lição depois de cometer vários erros. Jornalistas costumam trabalhar em muitas histórias ao mesmo tempo. Certa vez, eu estava fazendo malabarismo para escrever de 5 a 10 histórias. Para cada uma, eu fazia uma dúzia de ligações para fontes em potencial. Isso significa que eu atendia ao telefone, fazia entrevistas e tomava notas durante as conversas com até 100 pessoas no prazo de uma semana.

Era provavelmente inevitável que eu cometesse um erro ao trabalhar em tantas histórias. Vou dar um spoiler: eu cometi. Trabalhei em uma história sobre a banda Barenaked Ladies, que estava compondo as músicas para a produção de *Do Jeito que Você Gosta*, de Shakespeare. Enquanto editava o áudio, entrevistei pessoas para uma história sobre a Chrysler Corporation, e escrevi um artigo sobre os conflitos raciais em Detroit. No meio de tudo isso, fiz algo muito errado.

Depois que a história sobre a Barenaked Ladies foi ao ar, no *Morning Edition*, recebi um e-mail de um dos professores com quem tinha falado. Ele disse que a citação em meu artigo tinha sido muito inteligente, e estava agradecido por ter sido mencionado, mas aquelas palavras não eram dele.[6] Falar com meu editor e admitir o engano foi muito difícil. Esse tipo de erro é absolutamente proibido para repórteres. Nossa reputação se baseia na exatidão.

A partir desse momento, parei de fazer malabarismos com as histórias. Se precisasse atender ao telefone, eu me afastava do computador e me concentrava na ligação. Se estivesse escrevendo, desligava o telefone, fechava a porta e só escrevia. Talvez eu perdesse as doses de dopamina, mas a qualidade de meus artigos melhorou e, sinceramente, também a qualidade das conversas com minhas fontes.

Assim, não quero que se sinta culpado, só que aprenda o que aprendi do jeito difícil. Se sua meta é ter boas conversas, ler mensagens de texto e e-mails enquanto fala é uma péssima ideia. Grande parte das conversas envolve detalhes e sutilezas. Verificar a cada dez segundos, enquanto lê o feed no Twitter, resultará em perda de mensagens e equívocos.

Além disso, é provável que você só assimile o que acabou de ouvir se estiver concentrado. Temos dificuldade em lembrar coisas que nos dizem na melhor das circunstâncias. Vários estudos demonstraram isso. Pesquisas da Universidade de Minnesota mostraram que, mesmo quando instruídas a ouvir com atenção, as pessoas só conseguiam lembrar de cerca de 50% do que foi dito. Depois de dois meses, só conseguiam lembrar de cerca de ¼. Os que assistiram ao noticiário da noite para outro estudo conseguiram lembrar de menos de 20% do que ouviram.[7]

Os mesmos estudos mostram que, se as pessoas não ouvem com atenção, esquecem até metade das informações que receberam no prazo de oito horas. Assim, não é surpresa que algo que contemos aos nossos parceiros enquanto estão assistindo a *Law & Order* não seja assimilado por eles, ou que mandar seu filho levar o lixo para fora enquanto está jogando videogame e falando ao telefone é o mesmo que gritar em um quarto vazio. Talvez seja interessante repensar as reuniões anuais de equipe nas quais se discutem questões importantes. É provável que você tenha que dizer as mesmas coisas todos os anos.

A questão é, não há sentido em ter uma conversa se você não se dedicar totalmente a ela. Não estou falando de apenas deixar o telefone de lado ou se afastar do computador. Estou falando de estar *presente*. A conversa ainda será ótima se você não conferir no smartphone quem estrelou *Relíquia Macabra* (Humphrey Bogart) ou quem era o presidente em 1974 (Nixon ou Ford, dependendo do mês).

Se quiser sair de uma conversa, saia. Diga educadamente à outra pessoa que tem muito em que pensar e não consegue realmente ouvir o que ela está dizendo. "Eu preciso pôr a cabeça em ordem", costumo dizer. "Sinto muito, mas estou com dificuldades em me concentrar e quero ouvir o que você tem a dizer. Podemos conversar mais tarde?"

Comprometa-se com as conversas, mesmo com as curtas, ou as deixe para lá. Se estiver muito distraído, admita o fato para si mesmo e para a outra pessoa. Esteja presente ou vá embora.

O melhor e mais eficiente método para aprender a estar presente nas conversas é a meditação. Você sabia que eu diria isso, certo? Talvez esteja até revirando os olhos. Por algum motivo, muitas pessoas ficam desanimadas com a perspectiva de meditar. Nunca entendi bem o motivo, mas as respostas mais comuns que ouvi foram que as pessoas não têm tempo ou associam meditação à prática religiosa.

Embora a meditação seja comumente associada ao budismo, é um ritual tão religioso quanto a prática da ioga. Assim como a ioga, a meditação é um método. É um exercício para treinar o cérebro. Frequentamos a academia para treinar os músculos, usamos a meditação para treinar a mente.

A meditação mindfulness [atenção plena] ensina a ter consciência do corpo, da respiração e dos pensamentos. Não requer muito tempo. Na verdade, os benefícios podem ser sentidos mesmo que você a pratique apenas cinco minutos por dia. Alguns adeptos sugerem que se comece com apenas alguns minutos por dia.

As pesquisas sobre os benefícios da meditação são contínuas. Por exemplo, não temos certeza do quanto ela alivia a depressão ou o sofrimento. Contudo, vários estudos mostram que a meditação melhora os níveis de estresse e o humor, e um estudo realizado por um neurocientista de Harvard mostrou que ela pode até aumentar a massa cinzenta no córtex pré-frontal, a área associada à memória e à tomada de decisões práticas. Nesse estudo, os benefícios foram medidos por exames de imagem de ressonância magnética (MRI) depois de 40 minutos de meditação por dia, durante 8 semanas.[8]

Você não precisa de 40 minutos se não os tiver. Os benefícios podem ser vistos rapidamente, não importa quanto tempo seja dedicado à meditação. E nem é necessário um professor, um app especial, uma música ou uma iluminação suaves.

OBTENDO A ATENÇÃO PLENA

Meditar é simples: sente-se em silêncio, feche os olhos e concentre-se na respiração, enquanto deixa os pensamentos passarem por sua mente, sem se deter em nenhum deles. Um pensamento vem, você o nota e deixa-o ir embora, e volta o foco para a respiração. Se quiser, conte as respirações, mas não é necessário. E pronto! Isso é meditação, em sua forma mais simples.

Embora seja simples, não é fácil. É preciso praticar algum tempo para meditar com eficiência. Buda sentou-se sob sua árvore por sete dias sem se mover. Diz-se que ele só se levantou porque estava com muita fome.

Aprender a deixar os pensamentos entrarem e saírem de sua mente é difícil. O cérebro vai se distrair, isso é certo. Não se pode impedir o cérebro de pensar. Mas você pode treiná-lo para não seguir todos os pensamentos aleatórios que surgirem. A meditação o conscientiza do que o cérebro está pensando e lhe dá mais controle sobre quais pensamentos quer considerar e quais quer abandonar.

Se você continuar a praticar meditação e ficar mais consciente de seus pensamentos, é possível que se transforme em um conversador mais lento, faça pausas naturalmente e com mais frequência para observar o que está pensando. Acho esse fato positivo.

A meditação melhorará suas habilidades de conversação ao torná-lo um ouvinte melhor. Quando o falatório em sua cabeça se acalmar, você se concentrará no que a outra pessoa está dizendo, sem se distrair por seus pensamentos. E há outros benefícios. Por exemplo, quem pratica mindfulness fica menos propenso a sofrer de esgotamento no trabalho, e aprende a lidar melhor com o estresse. Esse é um ótimo resultado para se motivar a sentar e respirar em silêncio alguns minutos por dia.

A fórmula que apresentei tem muitas variações. Há pesquisas promissoras sobre o que chamam meditação da bondade amorosa. Sei que isso parece a aula de um conselheiro espiritual, que usa contas de madeira e cheira a patchouli, mas é uma ferramenta eficiente, usada por psicólogos e médicos.

A meditação da bondade amorosa, ou Metta, pode reduzir sintomas de depressão e até a intensidade de dores crônicas. Além disso, ela parece impactar a saúde emocional e os processos de pensamento. Pessoas que praticam a Metta têm mais emoções positivas do que as que não a praticam.

Ela tem se mostrado útil para diminuir preconceitos e aumentar a empatia.

Aqui está um resumo de como praticar a Metta. Você envia pensamentos solidários para si mesmo e outras pessoas e respira. Faça isso da maneira que preferir, mas esse é o formato habitual:

1. Envie pensamentos solidários para si mesmo.
2. Envie-os a alguém que ama.
3. Envie-os a um desconhecido.
4. Envie-os a alguém de quem não gosta ou com quem esteja em conflito no momento.
5. Por fim, envie-os a todos os seres vivos.

Esta manhã, enviei pensamentos solidários para mim mesma, para meu filho e para a garota da cafeteria com um lindo sotaque escocês, para uma pessoa sem nome e para o mundo. Levei dez minutos.

Até onde sei, a meditação é o único meio eficiente para treinar ficar presente, apesar de todas as distrações do dia. A meditação é, afinal, um método para se tornar mais atento. Não importa que método você escolha, o importante é encontrar um meio de estar mentalmente presente em suas conversas. Escute as palavras de alguém e pense nelas. Preste atenção à mensagem falada e à não falada. Fique ou vá embora.

7
NÃO É A MESMA COISA!

> Os humanos não são tão bons quanto deveriam em sentir empatia em relação a emoções e pensamentos dos outros, sejam pessoas ou outros animais. Parte de nossa educação formal deveria incluir o treino da empatia. Imagine como o mundo seria diferente se tivéssemos "gramática, redação, matemática e empatia".
>
> — **NEIL DEGRASSE TYSON**

Uma boa amiga perdeu o pai há alguns anos. Encontrei-a sentada sozinha em um banco no lado de fora de nosso local de trabalho, imóvel, olhando fixamente para o horizonte. Ela estava arrasada, e eu não sabia o que dizer. É fácil dizer algo errado a quem está vulnerável, sofrendo. Então, contei como cresci sem pai. Que ele morreu quando eu tinha só nove meses de idade, no naufrágio de um submarino, e que sempre sofri sua perda, apesar de não o ter conhecido. Eu queria que ela soubesse que não estava sozinha, que eu tinha passado por algo parecido e entendia como se sentia.

Porém, depois de contar minha história, ela me olhou e disparou: "Ah, certo, Celeste, você venceu. Você nunca teve pai, e, pelo menos, eu tive o meu durante 30 anos. Sua situação é pior. Acho que eu não deveria estar tão triste por meu pai ter acabado de morrer."

Fiquei perplexa e aborrecida. Minha primeira reação foi me defender. "Não, não é nada disso", falei, "não foi isso que eu quis dizer. Só falei que sei como você se sente". E ela respondeu: "Não, Celeste, não sabe. Você não tem ideia de como me sinto."

Ela se afastou e eu fiquei ali, olhando sem saber o que fazer e me sentindo uma idiota. Eu tinha falhado com minha amiga. Quis consolá-la e, em vez disso, fiz com que se sentisse pior. Nesse momento, achei que ela tinha me interpretado mal, que estava frágil e tinha se irritado injustamente quando eu só queria ajudá-la.

Mas, na verdade, eu não havia sido mal interpretada. Ela entendeu o que acontecia melhor do que eu. Quando compartilhou suas emoções de forma natural e intensa, senti-me pouco à vontade. Eu não sabia o que dizer, então me voltei a um tema com o qual eu *estava* confortável: eu mesma.

Tentei sentir empatia, pelo menos, a um nível consciente, mas, na verdade, afastei o foco de sua angústia e voltei a atenção para mim.

Ela queria falar sobre seu pai, contar o tipo de homem que ele era. Queria partilhar lembranças queridas para que eu compreendesse o tamanho de sua perda. Em vez disso, pedi que parasse por um momento e ouvisse a história da morte trágica de meu pai.

A partir desse dia, comecei a notar com que frequência eu respondia a histórias de perda e dificuldades compartilhando minhas próprias experiências. Meu filho me contou a discussão que teve com um colega escoteiro, e eu falei sobre uma briga com uma garota na faculdade. Quando uma colega de trabalho foi demitida, eu lhe contei como tive dificuldade em encontrar um emprego depois de ter sido demitida anos antes. Mas quando passei a prestar mais atenção à forma como as pessoas reagiam às minhas tentativas de empatia, percebi que o efeito de partilhar minhas experiências nunca era o pretendido. Essas pessoas precisavam que eu as ouvisse e reconhecesse sua angústia. Em vez disso, eu as obrigava a me ouvir e a reconhecer o que eu sentia.

O sociólogo Charles Derber chama a tendência de se inserir em uma conversa de "narcisismo conversacional". É o desejo de dominar a conversa, ser a pessoa que mais fala e voltar o foco para si mesmo. Muitas vezes, é uma atitude sutil e inconsciente.[1]

Derber escreve que o narcisismo conversacional "é a principal manifestação da psicologia dominante da busca de atenção nos Estados Unidos. Ele ocorre em conversas informais com amigos, familiares e colegas de trabalho. A abundância de literaturas populares sobre a arte de ouvir e a etiqueta para lidar com os que falam constantemente sobre si mesmos indica sua disseminação no cotidiano".

Derber descreve dois tipos de respostas durante uma conversa: a resposta de troca e a resposta de apoio. A primeira muda a atenção para você e a segunda apoia o comentário da outra pessoa. Veja este exemplo simples:

Resposta de Troca

MARY: Estou muito ocupada hoje.

TIM: Eu também. Estou sobrecarregado.

Resposta de Apoio

MARY: Estou muito ocupada hoje.

TIM: Por quê? O que você precisa fazer?

Aqui está outro exemplo:

Resposta de Troca

KAREN: Preciso de sapatos novos.

MARK: Eu também. Esses estão se desmanchando.

Resposta de Apoio

KAREN: Preciso de sapatos novos.

MARK: Ah, é? Que tipo está pensando em comprar?

A resposta de troca é uma característica do narcisismo conversacional. Ela ajuda a desviar o foco para você constantemente. Porém, a resposta de apoio estimula a outra pessoa a continuar sua história e mostra sua atenção e interesse em ouvir mais.

A brincadeira de pega-pega costuma ser usada como uma metáfora para as conversações. É ideal que a conversa seja uma troca constante de atenção e foco. É ativa, porque há uma mudança contínua entre falar sobre o que você está pensando e se concentrar no que a outra pessoa está dizendo. (Talvez uma analogia mais adequada ao século XXI seja a eterna mudança entre os modos selfie e retrato da câmera de seu celular: focado em mim, focado nele, focado em mim, focado nele.) É por isso que a comparação com o pega-pega é tão oportuna.

Em uma brincadeira real de pega-pega, você é obrigado a se revezar. Nas conversas, muitas vezes encontramos meios de resistir a passar a vez à outra pessoa. Costumamos usar meios passivos para controlar sutilmente a conversa. Aqui está um exemplo baseado na pesquisa de Derber:

JOSH: Assisti àquele filme novo ontem!

DAN: Ah.

JOSH: Foi ótimo. Gostei muito.

DAN: Que legal.

JOSH: Você já assistiu?

DAN: Assisti. Não gostei tanto. Achei que o desempenho dos atores estava forçado e... (*começa uma crítica ao filme*).

Neste caso, Dan só respondeu com entusiasmo quando Josh deixou o controle e lhe fez uma pergunta. Dan certamente não se deu conta de que obrigou Josh a lhe passar as rédeas da conversa. Para muitas pessoas, assumir o controle de um diálogo é habitual.

Nem sempre é fácil acompanhar a luta pela atenção. Às vezes, disfarçamos habilmente as tentativas de mudar o foco. Começamos uma frase com uma resposta de apoio e acrescentamos um comentário a nosso respeito. Por exemplo, se um amigo nos conta que acabou de ser promovido, respondemos dizendo: "Que bom! Parabéns. Também vou pedir uma promoção ao meu chefe. Tomara que eu consiga."

Se permitíssemos que o foco voltasse à outra pessoa, essa resposta seria perfeita. O equilíbrio saudável se perde quando sempre viramos o holofote em nossa direção. Jogamos uma bola após a outra para a pessoa, que pode muito bem querer se abaixar e correr.

Embora a reciprocidade seja parte importante de qualquer conversa significativa, a verdade é que mudar a atenção para as suas experiências é, no fundo, um instinto absolutamente natural. Os seres humanos modernos são geneticamente feitos para falar de si mesmos mais do que sobre outro assunto. Pesquisas mostram que gastamos cerca de 60% de nosso tempo falando a nosso respeito. Na maior parte do tempo restante, falamos sobre uma terceira pessoa, *não da pessoa com quem estamos falando*. Um estudo constatou que "a maior parte do tempo das conversas é dedicado a declarações sobre as experiências emocionais e/ou relacionamentos do falante ou os de uma terceira pessoa ausente".[2]

Parte dessa herança genética está no fenômeno neurológico conhecido como informação convergente. Quando ouvimos uma história, o cérebro automaticamente escaneia nossa memória em busca de uma experiência comparável. Em seu livro *Being a Brain-Wise Therapist* [*Uma Terapeuta Ligada no Cérebro*, em tradução livre], Bonnie Badenoch escreve: "Se eu vir alguém tomando sorvete, os mesmos neurônios serão estimulados em ambos os cérebros, o dela e o meu, apesar de eu só imaginar que o estou tomando." O mesmo princípio se aplica quando ouvimos alguém descrevendo uma experiência — o cérebro responde como se tivesse recebido um estímulo visual.[3]

A ínsula, uma área do cérebro localizada no fundo do córtex cerebral, recebe a informação e tenta encontrar em nossos bancos de memória experiências relevantes que possam lhe dar contexto. Geralmente, é um processo útil: o cérebro tenta entender o que ouvimos e vemos.

No subconsciente, encontramos experiências semelhantes e as acrescentamos ao que está acontecendo no momento, e então todo o pacote de informações é enviado às regiões límbicas, acima do corpo caloso. É ali que surgem os problemas. Em vez de nos ajudar a compreender melhor as experiências de outras pessoas, nossas experiências distorcem nossas percepções do que a outra pessoa está dizendo ou vivenciando.

Por exemplo, suponha que sua irmã conte uma história sobre um jantar delicioso que preparou. Imediatamente, seu cérebro procurará experiências comparáveis que você teve. Ela fala sobre cogumelos. O cérebro varre sua memória buscando informações sobre o sabor de cogumelos. Ela disse que cortou o dedo? Seu cérebro resgata lembranças do dia em que você teve que ir ao pronto-socorro para levar pontos. O seu cérebro então envia todas as informações convergentes para serem analisadas por seu corpo. É possível que você salive ao lembrar que cogumelos são deliciosos, que sinta uma pontada no dedo ao lembrar da dor. Toda essa experiência sensorial retorna ao cérebro para ser assimilada e integrada, e de forma tão rápida e automática que nem nos damos conta.

Quando tudo funciona bem, essa reação biológica nos ajuda a sentir empatia em relação à outra pessoa. Imaginamos quanto o jantar foi delicioso e quanto foi dolorido cortar o dedo com uma faca afiada.

Não É a Mesma Coisa!

Porém, às vezes, as coisas saem errado. E se sua experiência não se comparar totalmente à de sua irmã? Você comeu estrogonofe com cogumelos, mas o gosto era horrível. O seu acidente com a faca foi mais grave que o dela. Quando as experiências não se equiparam, você substitui a avaliação da outra pessoa ("não doeu tanto assim") pela sua ("facas são muito perigosas"). A especialista em mudança comportamental, Judith Martens, escreve: "Na maioria das vezes, você tenta entender a outra pessoa relacionando a história dela à sua própria experiência. Se fizer isso, verá o outro como se *fosse você*. Mas ele não é! Identificar suas próprias experiências *não* é um bom início para uma verdadeira compreensão."[4]

As pessoas costumam resistir a essa questão. Em quase todo o mundo, elas dizem que partilhar experiências semelhantes é uma forma positiva de mostrar empatia. Mas as pesquisas mostram o contrário. Um estudo do Instituto Max Planck de Ciências Cognitivas e do Cérebro sugere que o ego distorce a percepção da empatia, de modo que não julgamos corretamente o quanto estamos sendo empáticos.[5]

Quando um grupo de participantes do estudo assistiu a um vídeo de larvas, eles foram capazes de entender a repulsa sentida pelas outras pessoas. Mas se uma pessoa estivesse vendo imagens de filhotinhos enquanto outro infeliz assistia ao vídeo de larvas, o que viu os filhotes geralmente subestimou a reação negativa do resto do grupo às larvas. A autora do estudo, a Dra. Tania Singer, observou: "Os participantes que se sentiram bem avaliaram as experiências negativas dos parceiros como menos graves do que realmente foram. Em comparação, os que tinham acabado de ter uma experiência desagradável avaliaram a experiência boa dos parceiros menos positivamente." Em outras palavras, tendemos a usar os próprios sentimentos e percepções como base para determinar como os outros se sentem.

Veja como isso se manifesta em suas conversas diárias: digamos que você e uma amiga sejam despedidas da mesma empresa ao mesmo tempo. Nesse caso, usar seus sentimentos para medir os de sua amiga é relativamente justo, porque ambas estão vivenciando a mesma experiência.

Contudo, e se você estiver tendo um dia ótimo e encontrar uma amiga que acabou de ser despedida? Sem saber, você julgará os sentimentos dela comparados ao padrão de seu bom humor. Ela diz: "É horrível. Estou tão preocupada que até me sinto mal." E você responde: "Não se preocupe, vai ficar tudo bem. Eu fui despedida seis anos atrás e tudo deu certo." Quanto melhor você se sentir, mais difícil será sentir empatia pelo sofrimento de outra pessoa.

Embora a empatia seja inerente à maioria dos seres humanos, ela também é limitada, e é desafiador senti-la nas melhores circunstâncias. Muitos leram sobre experimentos nos quais as pessoas voluntariamente causaram dor a outras em um ambiente de laboratório. O mais famoso foi o de Milgram, realizado em 1961, na Universidade de Yale. Nesse estudo, os participantes receberam ordens para apertar um botão que causava choques elétricos de intensidade crescente a uma pessoa em outra sala. Os sujeitos do estudo não sabiam que o teste não era real e que os choques elétricos não eram aplicados.

A posição mais alta do botão dizia: "Perigo: choque intenso." Mesmo assim, mais da metade dos participantes apertou esse botão — mesmo ouvindo a pessoa na outra sala implorar por misericórdia. Contudo, não precisamos de um laboratório para provar que a empatia pode ser subvertida. Em um ponto não distante de nossa história vemos muitos exemplos horríveis de crueldade e tortura. Não é necessário nos aprofundarmos nesses eventos neste livro.

Como o experimento de Milgram mostra, fatores externos enfraquecem nossa habilidade de sentir empatia por outro ser humano. Mas alguns desses fatores representam uma surpresa. Por exemplo, o saldo de sua conta bancária afeta a empatia que você sente por outras pessoas. Talvez você pense que os mais pobres, que lutam para sobreviver, sejam menos capazes de se identificar com o sentimento dos outros. Você imagina que eles estão consumidos por suas necessidades urgentes e, às vezes, imperiosas. Mas isso não é verdade.

Acontece que, quanto mais dinheiro se tem, menos se é capaz de identificar corretamente as emoções dos outros. Se você for rico, não importa se está olhando fotos ou interagindo com pessoas reais, provavelmente terá mais dificuldade em reconhecer alegria, medo, amor e ansiedade no rosto de um desconhecido. (Também estará mais propenso a ser grosseiro durante uma conversa, o que acredito estar relacionado à empatia.)[6]

Nesse caso, a renda foi o único fator diferenciador. "Mesmo considerando questões étnicas e de gênero", diz Sara Konrath, autora do estudo. Konrath afirma que pessoas com renda menor mostraram "maior precisão empática no estudo". Embora muitas pessoas acreditem que a instrução aumente a empatia, isso não é totalmente verdadeiro. Na extensa pesquisa de Konrath, as pessoas que só tinham o ensino médio alcançaram sete pontos a mais do que as que possuíam nível superior.[7]

Em minha opinião, aqui está a parte interessante do estudo. Em determinado momento, pediu-se a um grupo de alunos que imaginasse Bill Gates no alto da hierarquia socioeconômica. (Isso não requer muita imaginação, já que ele está no topo dessa hierarquia, com um patrimônio líquido de US$75 bilhões.) Pediu-se que imaginassem em que ponto eles estavam na hierarquia em comparação a Gates. Quase todo mundo se encontra bem abaixo na classificação, então esse grupo se imaginou com um resultado muito pior do que o de outras pessoas.

Outro grupo teve que imaginar alguém na parte mais baixa dessa escala, alguém com absolutamente nada. E então pediram a eles que imaginassem seu lugar em algum ponto acima dessa pessoa desfavorecida. A maioria das pessoas está bem em comparação a uma pessoa em situação de rua, sem dinheiro e bens, então elas se viram em uma posição muito melhor do que as outras pessoas.

Depois desses exercícios, os pesquisadores testaram a empatia. Todos os participantes viram fotografias de desconhecidos e tiveram que identificar as emoções que viam em seu olhar. (Esse é um teste comum para avaliar a precisão da empatia: a capacidade de identificar as emoções de outra pessoa.) Os que se viam abaixo de Bill Gates na escala de riqueza — os que tinham acabado de se imaginar se saindo muito pior do que outra pessoa — foram relativamente precisos em identificar emoções. Os que se compararam a um morador de rua, e se viam como muito acima dos outros, tiveram um resultado bem pior.

Sua situação financeira não tinha mudado. Em outras palavras, simplesmente se imaginar rico comparado a outros o torna menos empático. Imaginar que você é relativamente pobre causa o oposto.

Vamos fazer uma pausa para certificar-nos de que entendemos as limitações das pesquisas científicas. É importante notar que o alcance e o significado dos estudos são limitados. Por exemplo, esse estudo concentrou-se em pessoas em uma universidade, não atingindo os membros mais ricos ou mais pobres da sociedade. Geralmente, os cientistas não revelam suas conclusões até que vários estudos tenham sido realizados por vários grupos independentes. Entretanto, mesmo após a realização de vários estudos, a pesquisa de ciência social ainda é limitada, já que é praticamente impossível reproduzir situações da vida real em um ambiente clínico. E, no entanto, apesar das limitações, essa pesquisa é provocativa e animadora.

É animadora porque sugere que a empatia pode ser aprendida e estimulada. Só de pensar que outras pessoas estão muito melhor que você o faz sentir mais empatia. Como Sara Konrath explica: "Há maior fluidez (à empatia) do que se imaginava." Seu nível de empatia pode diminuir, mas também pode aumentar. *A compaixão pode ser aprendida.* Essa é uma lição essencial.

Uma área do cérebro chamada giro supramarginal direito (RSG) controla essa resposta. O RSG nos ajuda a sentir empatia e a superar o que os cientistas chamam de "egocentrismo emocional". Ele reconhece quando respondemos de modo narcisista e, muitas vezes, tenta corrigir essa percepção.

Mas o RSG é altamente complicado e sensível, e afetado por uma incrível série de fatores que impedem seu funcionamento adequado. Mesmo um fator insignificante como a pressa o estimula a concentrar-se em suas emoções e não nas de outra pessoa. E, como mencionei, quanto mais feliz e tranquilo você estiver, mais trabalho o RSG terá e maior será a propensão de suas emoções distorcerem a percepção da outra pessoa.

Isso nem sempre é ruim. Se você estiver em perigo ou tentando cumprir um prazo importante, é essencial focar em suas necessidades em detrimento das de outra pessoa. Mas se "o egocentrismo emocional" ocorresse só quando necessário, não falaríamos sobre seus efeitos negativos na conversação.

As palavras que as pessoas usam para se expressar também influenciam a forma como percebemos suas emoções, porque acrescentamos inconscientemente nosso contexto e nossa experiência ao seu significado. O especialista em comunicação Robert Chen, coach de altos executivos na área de "soft skills", diz: "Se você supor que, só pelo fato de falar o mesmo idioma que a outra pessoa, vocês estão falando a mesma língua, está enganado. O significado que você dá às palavras (é produto de) seu ambiente e de sua experiência com elas."

Este é um dos motivos pelos quais ocorrem falhas frequentes na comunicação. Você acha que está falando sobre a mesma experiência com alguém, mas as mesmas palavras nem sempre descrevem a mesma experiência.

Levei anos para compreender que eu era muito melhor na brincadeira de pega-pega do que em seu equivalente conversacional. Hoje fico mais atenta aos meus instintos ao partilhar histórias e falar sobre mim mesma. Tento fazer perguntas que estimulam a outra pessoa a continuar, e me esforço em ouvir mais e falar menos.

Recentemente, tive uma longa conversa ao telefone com uma amiga que estava enfrentando um divórcio e eu mal disse uma palavra. Ao final da ligação, ela disse: "Obrigada por seus conselhos. Você realmente me ajudou a resolver algumas coisas." Na verdade, eu não tinha oferecido conselho algum. A maior parte do que eu disse foi uma versão de: "Isso parece difícil. Sinto muito por isso estar acontecendo com você." Ela não precisava de conselhos ou histórias. Ela só precisava ser ouvida.

Como de hábito, essa regra tem exceções. Tenho certeza de que há conversas em que será útil partilhar suas experiências. Mas, na maior parte do tempo, voltar o foco para você dificilmente será útil. Na verdade, será prejudicial. Além disso, nunca é errado decidir *não* falar sobre si mesmo. Como dizem, temos dois ouvidos e uma boca, e há um bom motivo para isso.

8
DESÇA DO PALANQUE

> Só dou conselhos quando pedem. Aprendi, e esse provavelmente é o único conselho que dou, a não ser a pessoa que dá conselhos não solicitados baseados em experiências pessoais.
>
> — TAYLOR SWIFT

Quando me mudei para a Geórgia, em 2014, tornei-me uma sulista pela primeira vez na vida. Cresci na Califórnia e morei no Arizona, em Washington, Michigan, Nova Jersey e Maryland, mas nunca havia me estabelecido abaixo da Linha Mason-Dixon. Entretanto, minha árvore genealógica tem raízes no Sul. Um de meus ancestrais foi escravo em uma fazenda em Milledgeville, uma pequena cidade a nordeste de Macon, na Geórgia, a menos de duas horas de Atlanta.

Se você ler a biografia de minha bisavó, na *Enciclopédia de História e Cultura de Arkansas*, verá que o nome de seu pai é "desconhecido".[1] Essa pode ser a verdade segundo os registros oficiais, mas nossa família sabe quem ele era. Ele foi o escocês-irlandês dono de Anne Fambro, minha tataravó. Carrie Lena Fambro era sua filha, nascida em 1872. Eu soube que quando a escravidão legal chegou ao fim, com a Guerra Civil, ele forneceu educação universitária a todos seus filhos multirraciais.

Carrie se formou na Universidade de Atlanta, em 1886, e se tornou uma fervorosa defensora da educação de afro-americanos. Fundou a primeira biblioteca para negros do Extremo Sul com recursos arrecadados com a encenação de peças de Shakespeare. Foi professora na Union School, a primeira escola para crianças negras em Little Rock, Arkansas. Essas histórias são parte da minha história. Eu as ouvi muitas vezes e as contei ao meu filho.

Também cresci ouvindo histórias sobre como minha família sofreu por causa do racismo. Quando meu avô recebeu o prêmio de doutor honorário na Faculdade Oberlin, decidiu dirigir de Los Angeles a Ohio com toda a família. Infelizmente, eles foram proibidos de se hospedarem na maioria dos hotéis porque ele era negro, e não puderam ficar nos hotéis para negros, porque minha avó era branca. Assim, ele dirigiu quase 4 mil quilômetros sem parar até chegar a Oberlin.

Minha pele é clara. No entanto, fui a segunda criança mais escura na escola em que fiz o fundamental, no sul da Califórnia. No terceiro ano, uma das crianças me chamou de "negra" e eu lhe dei um soco no olho, sem hesitar. Fui mandada para a diretoria e ainda me lembro como estava assustada enquanto esperava. Eu era boa aluna, era raro me meter em confusão. Sabia que a reação de minha mãe seria dura se tivesse que me buscar na escola. Mas o diretor disse que, se mais alguém me chamasse de negra, também deveria lhe dar um soco. E então me mandou de volta para a classe.

Não preciso dizer que mudar para a Geórgia foi uma experiência emocionalmente turbulenta. É possível imaginar meus sentimentos quando descobri que, como funcionária do estado, eu tinha um dia de folga pelo aniversário de Robert E. Lee e outro pelo Dia Memorial da Confederação. (Este último foi renomeado simplesmente de "Feriado Estadual".) E talvez você compreenda minha reação quando vi a bandeira da Batalha Confederada tremulando acima das casas enquanto dirigia.

E, no entanto, quando o debate sobre a bandeira da batalha se reacendeu, depois do horrível massacre de nove pessoas na Igreja Episcopal Metodista Africana de Emanuel, em Charleston, Carolina do Sul, meu dever como jornalista foi cobrir o acontecimento. Dedicamos uma hora do programa de rádio para discutir a bandeira, sua história e seu significado. Convidamos pessoas para participar do debate que acreditavam que a bandeira Confederada era um símbolo da identidade e do orgulho do Sul, e que ela deveria tremular livremente na propriedade do governo como um tributo ao heroísmo dos soldados que morreram defendendo a Confederação.

Passei um tempo antes do programa refletindo sobre o que sentia. Eu sabia que os defensores da bandeira não entenderiam minha reação emocional a ela. Eles não sabiam da história de minha família, nem compreendiam minha experiência. Por outro lado, tinha que reconhecer que não conhecia sua história nem compreendia sua experiência.

Eu queria ser justa com o público. Eles mereciam saber sobre qualquer viés que eu levasse à mesa. Assim, no início do programa, li a seguinte mensagem:

> *Visando a transparência, quero esclarecer meu ponto de vista. Sou uma mulher multirracial, cujos ancestrais foram escravos em uma fazenda da Geórgia. Não posso fingir que sou imparcial em relação à bandeira de batalha Confederada, que, para mim, simboliza tortura, opressão e escravidão.*
>
> *Entretanto, também sou jornalista profissional e defendo uma conversa aberta e franca, que aborde todos os lados da questão. Não faço política pública. Meu trabalho é fornecer-lhes todas as informações e deixá-los decidir com objetividade... Como sempre, encorajamos seus comentários e gostaríamos que participassem da conversa.*

Desça do Palanque

Essas entrevistas foram as mais difíceis que fiz em minha longa carreira. Foi pessoalmente doloroso ouvir algumas coisas. Fiquei tentada a argumentar e interromper, mas mantive a postura profissional e curiosa, e valeu a pena. Desde então, tive conversas ótimas com membros dos Filhos de Veteranos Confederados. Não concordo com eles nessa questão, mas os compreendo melhor.

As opiniões divergentes *sobre a questão* da bandeira de batalha não interferiram na capacidade de falarmos e respeitarmos uns aos outros, e não quer necessariamente dizer que, por discordarmos sobre esse tema, discordamos em tudo. Além do mais, nossas divergências não impediram que escutássemos uns aos outros. Para ter conversas importantes, devemos avaliar nossas opiniões antes de começar. Não há crença tão arraigada que não possa ser posta de lado por algum tempo, a fim de aprender com alguém que discorde dela. Não se preocupe, suas crenças ainda estarão lá quando você terminar.

Se você for como a maioria das pessoas, provavelmente tenta evitar conversar com intolerantes. Imaginamos que pessoas menos instruídas ou menos inteligentes não têm uma visão esclarecida do mundo.

Mas isso seria uma demonstração de preconceito.

Embora acreditemos que inteligência e instrução deixam nossas mentes mais abertas do que a de pessoas menos instruídas ou inteligentes, as pesquisas mostram que quanto mais inteligentes, *mais* suscetíveis somos ao preconceito. "Na verdade", revela o estudo, "um maior ponto cego de preconceito foi associado a uma habilidade cognitiva maior".[2]

Isso faz parte dos preconceitos inconscientes ou implícitos. Esses preconceitos, dos quais não temos consciência e que, às vezes, não controlamos, afetam nosso julgamento. São os estereótipos positivos ou negativos que criamos sobre os outros que influenciam a maneira como os enxergamos. Preconceitos conscientes costumam ser escolhas que fazemos sobre o que gostamos ou não: você prefere funcionários que usam roupas sóbrias ou garçons que o chamem de "senhor". Preconceitos inconscientes são mais difíceis de serem mudados, pois muitas vezes não sabemos que os temos.

Mas talvez você esteja disposto a aceitar que tem preconceitos. Talvez ache que está consciente deles e está agindo para eliminá-los. Isso pode ser verdade, em parte, mas não há evidências de que pessoas conscientes de seus preconceitos têm mais capacidade de superá-los do que as que os desconhecem. E, não importa quanto reflita sobre a questão, você provavelmente não tem consciência de todos os preconceitos que afetam seu pensamento. Eles se chamam preconceitos inconscientes por um motivo, afinal.

Quero dizer que você pode evitar conversar com um racista sem perceber o quanto está sendo hipócrita. Você pode estar sujeito a tantos preconceitos quanto a pessoa com quem acha que não pode conversar. Todos temos preconceitos, independentemente de raça, gênero, renda ou religião.

É uma atitude presunçosa iniciar uma conversa para educar alguém sobre seus preconceitos quando você não conhece os seus. Como uma mulher multirracial de pele clara, muitas vezes encontro-me em uma situação única de observar os preconceitos implícitos de outras pessoas. Certa vez, fui moderadora em um painel sobre o autor James Baldwin, com três professores afro-americanos. Em certo momento, um dos participantes mencionou a "herança negra" de Barack Obama. Eu comentei: "Lembre-se de que Obama é metade branco, então ele também tem uma herança branca."

O participante voltou-se para o público, na maioria afro-americano, com uma careta. Então, apontou para mim e disse: "Devo explicar a ela?" Esperei que as risadas parassem, e então respondi: "Sou multirracial, então entendo a necessidade de se equilibrar as culturas branca e negra em uma família." Ele gritou, brincando: "Você me encurralou!" Eu respondi: "Você se encurralou, irmão."

É óbvio que esse aclamado professor era inteligente e instruído, mas todos somos afetados por preconceitos. A escolaridade e a inteligência não nos protegem de criar estereótipos. O objetivo de um diálogo honesto e respeitoso é abrir nossas mente, não as modificar. Na verdade, pesquisas sugerem que mudar nosso modo de pensar é uma tarefa extremamente difícil.

Em um estudo, pesquisadores da universidade do Estado da Geórgia e da Universidade de Michigan deram aos participantes vários artigos falsos sobre um controverso tema político. Em seguida, deram aos participantes um artigo verdadeiro que explicava os equívocos dos anteriores. Imagine a surpresa dos pesquisadores ao descobrirem que ler o artigo verdadeiro só fez as pessoas acreditarem com mais intensidade nas notícias falsas que leram primeiro.

"Fake news" tem sido uma expressão comum desde a eleição de 2016, nos Estados Unidos. Pessoas leram que o Papa Francisco apoiou Donald Trump (mentira) e que "pizza" era um código para uma quadrilha de tráfico sexual de crianças dirigido por integrantes da campanha de Hillary Clinton (mentira). Um dos perigos das "fake news" é que elas se tornam parte do sistema de crenças de quem as lê, e é muito difícil desfazê-las.

Esse fenômeno é chamado de "viés de confirmação". Quando sabemos que estamos errados sobre algo, muitas vezes nos apegamos mais intensamente à nossa crença original equivocada. É um processo inconsciente, então não é como se alguém dissesse: "Sei que estou errado, mas vou ficar com a mentira." É chamado de "viés de confirmação" porque o fato de se corrigir as informações inexatas pode ter o efeito inverso, fazendo com que a pessoa se atenha com mais intensidade a algo que não é verdadeiro.

Uma solução para esse problema seria pesquisar e reconhecer as inverdades quando as vê, mas ler sobre um assunto não parece ajudar. Quando conhecemos bem um tema, ficamos mais propensos a supor que sabemos o que é verdade e a aceitar as informações que sustentam nossas opiniões, mesmo que sejam falsas.

Em seu livro *Você Não É Tão Esperto Quanto Pensa*, o jornalista David McRaney escreve a respeito de um estudo das diferentes opiniões sobre as manifestações que acabaram mal na Universidade Estadual de Kent, em 1970, quando os soldados da Guarda Nacional atiraram e mataram vários manifestantes. "O surpreendente é que", disse McRaney, "eles constataram que quanto mais os participantes afirmavam conhecer o evento, mais firmes eram suas opiniões. O preconceito contra a Guarda Nacional ou contra os manifestantes era mais forte quanto mais a pessoa sabia sobre o tema. Pessoas que tinham só uma compreensão básica experimentaram um fraco 'viés de confirmação' quando consideravam as evidências. O viés de confirmação afastou das áreas cinzentas os que tinham refletido mais sobre a questão."[3]

Por esse motivo, teorias da conspiração persistem, não importa quantos dados sejam apresentados para refutá-las. Por isso, algumas pessoas nunca acreditarão que Obama é um cidadão norte-americano ou que os astronautas andaram na Lua. E é um ótimo motivo para você não perder tempo tentando fazer alguém mudar de ideia quanto a uma opinião que considera incorreta.

Entretanto, há boas novas nesse front. Novas pesquisas sobre o viés de confirmação demonstram que ele pode ser raro e não tão disseminado como se acreditava. Quando dois cientistas políticos tentaram recriá-lo em um estudo, constataram que os participantes resistiam à correção factual em apenas um tema: armas de destruição em massa (ADM) no Iraque. Em quase todas as outras questões, eles ouviram e respeitaram as informações factuais recebidas. Talvez não estejamos vivendo em um mundo de "pós-verdade", afinal.

Assim, é importante observar que os participantes muitas vezes se apegavam às informações e ideologias políticas que sustentavam seu lado e desacreditavam o contrário. O autor do estudo, Ethan Porter, da Universidade George Washington, disse ao Instituto Poynter de Estudo de Mídia que "ainda há capacidade de resposta diferencial, as pessoas ainda têm suas opiniões políticas. Porém, o quadro pode não ser tão sombrio quanto dizem".[4]

É bom ter alguma certeza de que argumentos políticos se baseiam em fatos. Mas por que se incomodar em discutir política, afinal? Você já entrou em uma discussão sobre uma questão controversa e ouviu a outra pessoa dizer: "Sabe de uma coisa? Você tem razão. O errado sou eu. Obrigado por me esclarecer." Isso nunca aconteceu comigo.

Contudo, se conduzidas adequadamente, algumas discussões são produtivas. O cofundador da Apple, Steve Jobs, era famoso por achar que as discussões entre seus funcionários geravam inovação. "É através da equipe, através daquele grupo de pessoas incrivelmente talentosas, se chocando", disse, "discutindo, brigando algumas vezes, fazendo barulho e trabalhando juntos, eles se polem [como pedras] e polem as ideias."[5]

Como, então, lidar com uma discussão? Para começar, se houver tensão entre você e a outra pessoa, é melhor tratar do assunto o mais depressa possível, já que ela só aumenta ao longo do tempo.

Imagine o seguinte: você está assistindo a uma peça e, durante uma cena dramática, a peruca da protagonista começa a escorregar. Se ela a ignorar, será pior. Ninguém ouvirá uma palavra do que ela disser, por melhor que seja o texto. Todos estarão concentrados na peruca, esperando que ela caia.

A melhor solução seria arrancá-la ou arrumá-la enquanto diz: "Essa coisa nunca fica no lugar." Ela precisa reconhecer abertamente que alguma coisa deu errado e tentar consertá-la. O mesmo ocorre com a tensão em um relacionamento: ignorar o problema não o fará desaparecer.

Não evite a conversa por medo da discussão. Se ela acontecer, enfrente-a e tente torná-la produtiva. Há algumas formas simples de conseguir isso:

1. Não leve a questão para o lado pessoal. Não fale sobre suas falhas nem use frases como: "Você sempre faz isso" ou "É problema seu".
2. Pense em soluções em vez de concentrar-se apenas no que não gosta ou o deixa zangado. Uma discussão produtiva não é apenas mais uma chance para se queixar.
3. Disponha-se a deixar a outra pessoa ganhar. Achar uma solução que atenda a ambos nem sempre significa uma vitória ou uma confirmação de que você está certo.

Discussões acontecem quando as emoções estão envolvidas. Não há nada de errado em demonstrar paixão sobre um assunto e dedicar-se a um resultado. Contudo, a paixão pode causar desentendimentos e mágoas e, por isso, acredito que as melhores conversas ocorrem antes que a discussão se faça necessária.

Sempre que você entrar em uma conversa, e principalmente se estiver prestes a falar com alguém que tem opiniões diferentes das suas, pergunte-se: o que pretende com essa conversa? O que gostaria que acontecesse no final e como gostaria de se despedir da outra pessoa? Zangado, frustrado e não mais inteligente do que antes? Como você provavelmente não conseguirá fazer a outra pessoa mudar de ideia, talvez seu objetivo deva ser seu próprio esclarecimento. É impossível controlar o que a outra pessoa extrairá da conversa, apenas o que você assimilará.

Como jornalista, aprendi a ficar mais aberta. Não é fácil, e é preciso ter treinamento e muita prática. Muitas vezes, você aprende com seus erros. As perguntas que não fez porque supôs que sabia as respostas, as pessoas que não entrevistou por achar que não tinham nada de valioso a acrescentar à história. Por diversas vezes, fiz entrevistas práticas enquanto um coach apontava os pontos em que eu expressava minha opinião ou interrompia alguém antes que a pessoa tivesse a chance de apresentar seu ponto de vista.

Comece fazendo algumas perguntas básicas. Não importa o quanto suas opiniões sejam sólidas, inicie cada tema pensando: "E se a outra pessoa estiver certa? Por que ela pensa desse jeito?"

Infelizmente, as pesquisas mostram que muitas pessoas preferem evitar essas conversas. Mais da metade dos norte-americanos diz que seus amigos partilham das mesmas opiniões políticas e até mesmo relutam em abordar temas que possam iniciar uma discussão.[6] A Pew Research chama isso de "espiral do silêncio". A maioria das pessoas (menos os trolls) não está disposta a compartilhar suas opiniões sobre política, seja nas redes sociais ou pessoalmente, a menos que esteja razoavelmente convencida de que as pessoas concordam com ela.[7]

Acredito que você é capaz de ver os efeitos dessa tendência que nos cerca. Se o tema é mudanças climáticas, imigrantes refugiados, aborto ou terrorismo, preferimos falar com pessoas que compartilham das nossas opiniões. Preferimos ouvir notícias que sustentem as opiniões que defendemos. Deixamos de ser amigos de pessoas que postam coisas das quais não gostamos. Não queremos mudar de ideia.

Nossas informações não são adaptadas para corresponder apenas às nossas opiniões, mas também aos nossos relacionamentos. Trabalhamos e interagimos todos os dias com pessoas cujas opiniões são totalmente diferentes das nossas, mas, a menos que nos envolvamos em um diálogo honesto e civilizado, podemos dizer que realmente as compreendemos? Como resolver questões complicadas se não falamos com as pessoas à nossa frente?

Esse problema vai além da nossa sala de estar e de nossos escritórios. O Congresso foi notadamente improdutivo na última década. Na verdade, o 112º Congresso criou apenas 284 leis, o menor número desde 1973. E, embora os políticos tenham votado regularmente os projetos, às vezes concordando com os líderes do partido, outras não, os registros de votação atuais mostram uma divisão clara e absoluta, com a maioria acompanhando o partido. Acredita-se que essa mudança é causada, em parte, pela queda da interação social em Capitol Hill.

Democratas e republicanos costumavam participar das mesmas festas, sair para almoçar, encontrar-se para um drinque. Suas esposas se conheciam, e seus filhos iam às festas de aniversário uns dos outros. Pessoas de diferentes facções costumavam conversar uns com os outros. Isso quase não acontece mais.

Como nação, como cultura, como sociedade funcional, estamos estagnando. Separamos toda a população em grupos compostos por nós (os que concordam conosco) e eles (os que discordam). Se você falar apenas com pessoas com o mesmo ponto de vista que o seu, não terá mais a possibilidade de encarar novas abordagens, descobertas e informações.

Não estou sugerindo que você converse com alguém que tenha um discurso de ódio ou se sujeite a observações ofensivas. Estou dizendo que o fato de alguém apoiar um candidato que você não gosta não significa que vocês discordarão em tudo ou que não possam achar pontos em comum. Só porque alguém tem uma opinião firme sobre impostos não quer dizer que vocês não possam partilhar experiências sobre criação de filhos ou esportes.

O renomado terapeuta M. Scott Peck escreveu que saber ouvir *exige* deixar seu eu de lado. "Ao sentir essa aceitação, a pessoa se sentirá menos vulnerável e mais inclinada a abrir a mente ao interlocutor."[8]

Deixar seu eu de lado — e todas as opiniões, causas, crenças e preconceitos que o acompanham — é um dos fundamentos para uma ótima conversa.

Uma das melhores lições que aprendi em quase vinte anos como jornalista é que todos têm algo a ensinar. Se você parar de usar as conversas para convencer as pessoas de que está certo, ficará admirado com o que vem perdendo. Uma inundação de informações virá para preencher o vazio deixado para trás por seu ego. Você ficará empolgado com todo o conhecimento, perspectiva, insights e experiências que receberá. Ouvirá histórias que recusou ouvir porque estava ocupado demais afirmando e reafirmando sua opinião. Se iniciar cada conversa supondo que tem algo a aprender, nunca se desapontará.

Se quiser expressar sua opinião, escreva um blog. Se quiser ter uma conversa, deixe as opiniões de lado, pelo menos, por um tempo. Você descobrirá que retomá-las não será mais uma opção. Descobrirá que evoluiu além delas.

9
SEJA BREVE

> Uma palavra errada, uma palavra a mais, e alguém começa a pensar nas toalhas de papel que precisa comprar no mercado. Brevidade é importante. Se for para ser prolixo, que seja por um bom motivo. Não só porque gosta de suas palavras.
>
> — PATRICIA MARX

Você sabia que a maioria das entrevistas na rádio pública dura apenas uns cinco minutos? Elas parecem mais longas porque vêm cheias de informações, mas na realidade são breves. Leva mais tempo para assar uma pizza congelada do que para Steve Inskeep entrevistar Elizabeth Warren sobre política econômica.

É provável que suas conversas não sejam concisas como as entrevistas editadas, mas não precisam ser longas e prolixas como discursos no Senado. Manter conversas curtas é uma disciplina. Não é fácil, mas é incrivelmente recompensador. Se você quer dizer algo importante, que deve ser lembrado, seja breve e direto.

Na verdade, não somos capazes de prestar atenção por muito tempo. Como mencionei no Capítulo 2, a capacidade de atenção tem diminuído há anos e agora parece equivaler à dos peixinhos de aquário (na verdade, peixinhos dourados mantêm a atenção um segundo a mais que os seres humanos de hoje). Ao ler ou navegar na internet, a capacidade de atenção das pessoas em geral é de apenas oito segundos.

Os resultados melhoram um pouco se nos concentrarmos em uma tarefa. Pesquisadores da Universidade de Michigan estudaram a atenção de uma forma diferente. Eles acompanharam pessoas em seus trabalhos, reiniciando um cronômetro sempre que elas trocavam de tarefa no computador ou passavam a outra página na web. Em 2004, quando realizaram o estudo, a capacidade de atenção média era de 3 minutos. Em 2012, quanto o repetiram, a média tinha caído para 1 minuto e 15 segundos. Em, 2014, era de apenas 59,5 segundos.[1]

A maioria dos pesquisadores culpa a tecnologia por esse fenômeno, e os jovens são propensos a ficar entediados. Pessoas com idades entre 18 e 24 anos raramente dão total atenção a qualquer coisa por muito tempo. Cerca de 80% usam smartphones ou tablets enquanto assistem à TV. Elas certamente acham que estão realizando multitarefas, mas sabemos que isso é uma ilusão.

As implicações de nossa decrescente capacidade de atenção são generalizadas. Nossa habilidade de concentração está relacionada à saúde. (Durante quanto tempo nos exercitamos? Quanto tempo passamos na cozinha, preparando as refeições?) Ela também impacta nossos relacionamentos. (Temos paciência com as pessoas? Nós nos concentramos no que alguém está dizendo ou fazendo?) Essa capacidade de atenção impacta até nosso QI. Nossa inteligência é determinada não só pelo que sabemos, mas também pelo que nosso cérebro ignora enquanto se concentra em algo diferente.[2]

Mas uma capacidade de atenção limitada não é de todo ruim. O relatório do estudo da Universidade de Michigan concluiu que "os consumidores estão se tornando melhores em fazer mais com menos (online), com rompantes mais breves de atenção elevada e mais eficiência na codificação para a memória". Assim, embora seja difícil concentrar-se em qualquer coisa mais do que alguns minutos, estamos melhores em nos concentrarmos intensamente durante curtos períodos de tempo. Em um mundo em que estamos cercados por distrações constantes, é útil ter a habilidade de mudar a atenção rapidamente de um fato a outro.

E essa é uma razão convincente para modificar seu estilo de conversa, se ele não for muito direto.

Quanto mais importante é a mensagem, mais breve ela deve ser, de modo a aproveitar os curtos momentos de atenção da outra pessoa.

Meu ex-marido costumava dizer que eu tentava cobrir todos os anos de nosso relacionamento no decorrer de uma conversa. A força da queixa do momento (e geralmente era uma queixa) acabava se perdendo, porque eu falava sem parar de todos os incidentes relacionados que me vinham à mente. Eu deveria ter sido breve se quisesse atingir um resultado em vez de fazê-lo sentir que eu planejava uma descrição de quarenta minutos de todos os erros que ele tinha cometido sempre que eu dizia: "Precisamos conversar."

No trabalho, costumo chamar meus colaboradores à minha sala para conversar sobre um assunto específico ou dois, no máximo. Nas reuniões, faço uma lista de temas a discutir e falo sobre eles de forma resumida, pergunto se há dúvidas e sigo em frente. Constatei que, desde que iniciei essa prática, as pessoas estão mais pontuais e engajadas. Elas também chegam com uma atitude mais positiva. Conduza reuniões semanais focadas e breves e talvez nunca mais tenha que subornar seus colaboradores com guloseimas. E, mais importante, minha equipe agora lembra em detalhes o que discutimos.

Isso não quer dizer que suas conversas tenham que durar menos que um minuto, e elas certamente devem durar mais que oito segundos. Mas se você prolongar uma conversa por longos períodos, perderá a atenção da outra pessoa. O foco dela mudará enquanto você ainda estiver falando. Você desperdiçará o tempo de ambos.

Alan Weiss, especialista em comunicação, diz: "As pessoas costumam dizer às outras tudo o que sabem", em vez de pensarem no que é ou não necessário.[3] Defina o objetivo que deseja alcançar na conversa antes de pronunciar a primeira palavra. Depois que transmitir a mensagem, resista à tentação de continuar falando. Nas conversas, como em tantas coisas, qualidade vale mais que quantidade.

Nem todas as conversas podem ser estruturadas, planejadas e lógicas. Parte da beleza da conversa real comparada ao e-mail são a espontaneidade e a imprevisibilidade. Contudo, há uma grande diferença entre uma conversa robótica, que se atém a fatos sem adornos ou emoção, e um longo e demorado bate-papo, em que você começa a falar sobre ração para cachorros e, de repente, constata que falou dez minutos dos detalhes de um romance que leu no ensino médio.

Todo mundo já tagarelou sem parar. Todo mundo já falou bobagens e viu o tédio no olhar do interlocutor enquanto continuava a matraquear. Embora a duração das conversas dependa do contexto e varie muito, o tipo de conversa que se tem deve ser determinado mutuamente.

Seja sensível aos sinais que recebe da outra pessoa. Ela demonstra que sua atenção está diminuindo e que precisa de uma pausa? Inclina o corpo para longe ou mesmo se afasta um passo de você? Quebra o contato visual com frequência? Murmura "ahn, han" e "sim" para encorajá-lo a chegar ao fim da frase? Esses são sinais de que a concentração da pessoa se esgotou.

Lembre-se, uma conversa é um jogo de pega-pega, onde as duas partes devem querer brincar. Ser breve demonstra consideração pelo interlocutor. Ele não o interrompe nem se afasta por ser educado e por se preocupar com seus sentimentos. Devolva a cortesia, não abusando de seu tempo e paciência.

E se for você o ouvinte preso a uma longa conversa sem objetivo? Talvez sejam os seus olhos que tenham perdido o brilho porque, embora saiba que a outra pessoa acabará de falar, por algum motivo você tem a *sensação* de que isso nunca vai acontecer.

Passo por isso quase todos os dias, mas não porque as pessoas com quem falo são tagarelas. Quando termino uma entrevista, costumo ter apenas alguns minutos entre o desligar dos microfones e o momento em que tenho que voltar ao ar. Preciso desse tempo para reorganizar os pensamentos e ter energia e atenção para a próxima entrevista. Quando um convidado quer continuar a conversa — não importa o quanto estimulante ou animada ela seja —, digo: "Sinto muito. Eu adoraria tomar um café e continuar a conversa algum dia, mas tenho que voltar ao ar e não posso falar agora."

Tenho uma "saída" fácil no estúdio, mas e quanto às conversas casuais? Por exemplo, em uma recente viagem de avião, a mulher ao meu lado começou a falar mesmo antes de se sentar. Ela acabara de visitar os netos e queria partilhar sua alegria com alguém.

Normalmente, eu ouviria com prazer as adoráveis histórias e elogiaria suas fotografias. Mas, naquele dia, eu estava exausta. A alegria dela teria me irritado se eu tivesse me obrigado a ouvi-la. Assim, esperei uma brecha na conversa e disse: "Parece que você se divertiu muito. Normalmente, eu ouviria sobre sua visita, mas meu cérebro mal está funcionando agora. Por favor, me desculpe, mas eu só quero fechar os olhos e descansar. Tudo bem?" Claro, ela concordou, e pude usufruir do resto da viagem em silêncio. Quando desembarcamos, pedi para ver uma fotografia de seus netos e lhe agradeci, sinceramente, por me deixar relaxar.

Às vezes, é possível afastar-se com educação e respeito, em outras, não. Se você realmente está preso a uma conversa interminável e suas únicas opções são agir com grosseria ou ficar e aguentar, tente suportar. Talvez seu esforço seja recompensado com novas informações ou alguns minutos prazerosos.

Conversas exigem tempo e paciência; isso é parte de seu valor. Algumas pessoas precisam de mais tempo do que outras para articular seus pensamentos. Concentre-se e seja receptivo, e será bem recompensado. Vale a pena esperar.

Fazer perguntas diretas ajudarão seu parceiro a retomar o rumo e darão impulso a uma conversa estagnada. Você pode perguntar "O que aconteceu quando você chegou em casa?" ou "Estou morrendo de curiosidade! Conte o final." Não espere até perder a paciência e ficar prestes a dizer algo grosseiro. Para interromper uma conversa ou fazê-la avançar com educação, você deve estar em um estado de espírito positivo.

Se você estiver realmente irritado e não for capaz de ouvir mais nenhuma palavra, sugiro que simplesmente admita o fato. Certo dia, quando meu filho me contou sobre um (outro) novo videogame que está jogando, eu disse: "Estou irritada e chata. Você me faria o favor de ficar quieto? Sei que não é justo, mas eu só quero ficar curtindo a minha irritação." A resposta dele? "Tudo bem, mãe."

Brevidade não é só a alma da perspicácia, é uma ferramenta necessária para uma comunicação eficiente. Como qualquer regra neste livro, há exceções. (Talvez você se canse de ler isso.) Nem todos os bate-papos devem ser breves. Muitas pessoas conhecem o prazer de se sentar no sofá e falar com um amigo durante horas a fio. Mas a maioria de nossas conversas não se encaixa nessa categoria.

Seja Breve

Em geral, é útil saber o que se quer dizer antes de começar, e então ficar de olho no relógio enquanto fala. Na maioria dos casos, ser breve é bom. E antes que isso se torne irônico, vou manter este capítulo breve também.

10

SEM REPETIÇÕES

Nas comunicações, a familiaridade gera apatia.
— **WILLIAM BERNBACH**

No ano passado, marquei uma reunião com toda a minha equipe para falar com os produtores sobre o que estava ou não funcionando e o que poderia ser melhorado na apresentação diária do programa. Uma jovem mal esperou eu abrir a reunião para disparar: "Você nos critica muito! Quando algo sai errado, você faz com que eu me sinta horrível."

Fiquei totalmente surpresa. Costumo ficar atenta aos feedbacks negativos que ofereço. Tenho um bloco na escrivaninha, no qual anoto minhas conversas com os colaboradores. Minha meta é dizer ao menos duas coisas positivas para cada pessoa todos os dias. Como fiz alguém cujo trabalho valorizo se sentir tão mal? Pedi-lhe que explicasse, e ela me lembrou de um incidente que acontecera algumas semanas antes.

Ela havia agendado a ligação de um professor durante um programa recente para que eu o entrevistasse sobre participação eleitoral. A ligação tinha muita estática. O som era terrível e sumiu algumas vezes, e foi difícil entender o que ele dizia.

"O que aconteceu com essa linha?", digitei na janela de chat online enquanto estávamos no ar. "Nós a verificamos duas vezes antes de ir ao ar e parecia tudo bem", respondeu a produtora. "Mas está horrível", digitei de volta. "Eu sei", respondeu ela.

Quando o programa terminou, fui até a sala de controle para fazer mais perguntas. "Então, o que aconteceu?", perguntei. A produtora respondeu: "Verifiquei essa linha várias vezes. Estava ótima." Parecia horrível no ar", respondi. "Eu a verifiquei alguns minutos antes de o programa começar, e estava funcionando", informou ela. "Bem, houve vários momentos em que não entendi o que ele dizia", retruquei. "Eu sei", falou ela.

Em nenhum momento fiz críticas diretas. Na verdade, a produtora e eu concordamos que a entrevista não tinha sido boa. Então, por que ela saiu da conversa se sentindo desmoralizada? Respondo com apenas uma palavra: repetição. Proferi repetidamente uma versão de "foi horrível". Como a produtora era responsável pelo segmento, cada nova iteração parecia uma bofetada. E como nós (e todos na sala) concordamos sobre o problema, repeti algo que ela já tinha compreendido e, assim, aumentei seu constrangimento.

Depois dessa reunião, passei a observar a frequência com que eu repetia um feedback negativo. Eu o fazia muito, e isso afetou o moral da equipe. Nunca teria me ocorrido que a repetição seria entendida como uma crítica se essa produtora não tivesse se manifestado.

A repetição pode ser um instrumento eficiente em palestras e aulas. Lembre-se quantas vezes você ouviu um político repetir as mesmas palavras ou frases em diferentes formas. São os chamados pontos de discussão, e os políticos os usam porque são tão eficientes quanto um bom slogan publicitário: histórias sobre "rainhas do bem-estar" ou "economia do gotejamento" ou a ganância do dito 1%.

Mas a repetição nesse contexto gera o efeito contrário. Você se lembra do desempenho de Marco Rubio durante um debate do Partido Republicano, em 2016? Alguns analistas o descrevem como uma "falha na matriz", depois que Rubio repetiu as mesmas palavras quatro vezes. "Vamos acabar com a ideia de que Barack Obama não sabe o que está fazendo", disse Rubio. "Ele sabe exatamente o que está fazendo."

Podemos zombar de Rubio, mas antes que você fique muito convencido, lembre-se que quase todos nós nos repetimos sem perceber. Nem sempre usamos as mesmas palavras, mas repetimos sempre a mensagem.

Eu me lembro de uma conversa que tive com meu filho depois que ele se envolveu em uma briga. Um colega de escola o ofendeu no pátio e tirou-lhe a bola várias vezes. Finalmente, meu filho perdeu a paciência e o empurrou. "Foi um erro", falei. "Ele estava errado até você pôr as mãos nele. Aí, você perdeu a vantagem."

Nossa conversa continuou, enquanto ele contava que teve que ir à sala do diretor e escrever um bilhete de desculpas para o outro garoto. "Você não deveria tê-lo empurrado", falei. "Se tivesse controlado seu temperamento, era o garoto que ficaria em dificuldades." E então ele disse que teria que ficar de castigo no almoço alguns dias e que a professora queria falar comigo. "Isso porque você resolveu reagir fisicamente", falei. De repente, ele gritou: "Eu sei! Já ouvi um milhão de vezes. Não sou burro!"

Eu poderia ter continuado o sermão por ele ter perdido a calma e gritado comigo, mas fiquei quieta. Porque ele estava certo. Eu tinha me repetido inúmeras vezes. (Naquela época, ele ainda era muito novo para ficar frustrado com repetições. Agora, ele simplesmente se desliga.) Aposto que há muitas crianças (e cônjuges) que não ouvem com atenção porque estão "cansados de ouvir a mesma coisa". Nesse caso, a "mesma coisa" é a mesma mensagem básica, reformulada repetidas vezes.

Sem Repetições

A repetição é o equivalente conversacional de caminhar sem sair do lugar. Não é interessante e não faz ninguém avançar.

Às vezes, supomos que a repetição ajuda a fixar as informações. Afinal, aprendemos desde pequenos a repetir as informações que queremos gravar. Fazemos cartões de resumo para aprender uma língua estrangeira. Repetimos datas importantes em nossa cabeça: *A Compra da Luisiana foi assinada em 1803. A Compra da Luisiana foi assinada em 1803.* Quando um exame importante se aproxima, passamos noites em claro repassando nomes, datas e equações à exaustão.

Esses tipos de repetição ajudam a reter informações novas por um motivo essencial: é você quem as está repetindo. Pesquisas mostram que, quando repetimos uma mensagem várias vezes, aumentamos nossas chances de nos lembrarmos dela.[1] O benefício cresce se repetirmos a informação a outra pessoa, mas o benefício não é partilhado por ela. Se estiver em uma reunião e repetir um prazo para seus integrantes quatro vezes, você se lembrará dele, mas a probabilidade de seu pessoal se lembrar não será maior do que se você o tivesse mencionado apenas uma vez.

Também há limitações de como as repetições beneficiam sua memória. Em 2014, dois neurobiólogos da Universidade da Califórnia, em Irvine, publicaram um estudo provocativo que avaliou a eficiência da repetição no aprendizado. Foram mostradas aos participantes imagens de objetos como óculos de sol e canecas de café. Em seguida, os pesquisadores mostraram mais imagens e pediram que fossem identificados apenas os itens que estavam no grupo inicial. Dessa vez, porém, eles inseriram "iscas", objetos semelhantes aos originais, mas não incluídos na primeira lista, como um telefone antigo, em vez de um moderno. Assim, as pessoas tiveram dificuldade em identificar as iscas. Elas tinham certeza de que os objetos parecidos estavam na lista original, mesmo quando não estavam.[2]

Pesquisadores referem-se a isso como "captar a essência", em vez de lembrar dos detalhes. Um exemplo é reconhecer o cruzamento de uma rua conhecida. O estudo sugere que se você visitar esse local várias vezes, terá menos condições de distingui-lo de um cruzamento semelhante. Isso é útil, a menos que você queira dar orientação sobre um endereço à sua esposa. Talvez ela queira saber se há uma farmácia em um cruzamento em especial, e sua memória pode não ser exata.

A eficiência da repetição também diminui. A primeira leitura de um texto nos fornece muitas informações. Contudo, como explicam os psicólogos Henry Roediger e Mark McDaniel: "Na segunda leitura, você lê com a sensação de 'já sei isso'. Basicamente, não se aprofunda, tampouco extrai mais detalhes dela. Muitas vezes, a releitura é superficial — e é insidiosa, porque lhe dá a ilusão de que conhece bem a matéria quando, na verdade, ficaram lacunas."[3] Aposto que nos lembramos de já ter ouvido alguém repetir algo enquanto, em nossa cabeça, pensávamos: "Eu sei, eu sei." A primeira vez é útil, mas a segunda e a terceira... nem tanto. Na verdade, pesquisas sugerem que repetir informações importantes fazem as pessoas se desligarem, em vez de as ajudarem a se lembrar.

A repetição nos dá a *impressão* de conhecer bem o material. Mas, como nossa atenção é desviada depois da primeira leitura (ou a iteração dela em uma conversa), nossa lembrança desse material se torna cada vez menos precisa. Esse é um ponto importante a ser considerado no contexto das conversas, porque frequentemente nos repetimos quando falamos com os outros. E, muitas vezes, quando alguém ouve a mesma coisa uma segunda ou terceira vez, pensa: "Já sei isso", e para de ouvir.

De certa forma, é irônico que a repetição estimule as pessoas a pararem de ouvir, porque quase todos costumam se repetir quando acham que não foram ouvidos. Você pede a um colega que prepare o relatório até as 16h, mas não vê indícios de que ele o ouviu. Então, você reformula a frase: "Se não ficar pronto até às 16h, não vou ter tempo de enviá-lo à matriz." Novamente, ele não reage de um modo que o tranquilize. Então, você reformula a frase outra vez.

Porém, só porque alguém não diz: "Sim, ouvi e entendi o que você falou", não significa que ele não ouviu. Nem sempre as pessoas confirmam que ouviram informações importantes. Na maior parte das vezes, a repetição é desnecessária.

Essa situação ocorre em vários cenários em nossa vida. Você pode pedir ao seu filho para passear com o cachorro ou ao seu cônjuge para consertar o vazamento da torneira de diversas formas, e eles continuarão a olhar fixamente para a TV, sem lhe dar a confirmação desejada. Então, você precisa encontrar outra maneira de pedir. Porém, talvez um dos motivos que os faz desligar é porque estão habituados a você lhes dizer as coisas repetidas vezes.

Fique atento a quantas vezes você se repete e pense no que o motiva a fazer isso. Você não obtem a confirmação de que precisa da outra pessoa? Ela deixou de seguir suas instruções no passado? Há muitas distrações no ambiente ao tentar conversar (isto é, dizer algo importante quando seu filho está jogando videogame pode não ser uma boa ideia)? Você costuma se alongar em suas conversas?

Nas próximas semanas, habitue-se a aguardar alguns segundos antes de responder a alguém. Antes de se repetir, espere e encontre algo novo para dizer. Você pode pedir aos amigos que o avisem se estiver se repetindo. Pedi ao meu filho para dizer "eco" sempre que me repito, e depois de ouvi-lo dezenas de vezes, comecei a quebrar esse hábito.

Alguns anos atrás, fiz uma resolução de Ano Novo de não repetir a mesma informação mais do que duas vezes por conversa. Achei que seria fácil. Minha resolução durou duas semanas.

É como quando você inicia uma dieta e mantém um diário de alimentação. Primeiro, você não imagina como anotar tudo o que come poderá ser útil, pois acha que tem um ótimo controle sobre o que consome. Mas quando anota os biscoitos, os punhados de M&M's e os refrigerantes, percebe que não estava ciente do que entrava em sua boca.

O mesmo se aplica à repetição. Quando comecei a manter um registo delas, compreendi que não tinha noção do que *saía* de minha boca.

Repetir-se pode ser um sintoma de narcisismo conversacional, resultado de querer continuar a conversa, mas sem ter nada de novo a acrescentar. Isso é muito comum em locais de trabalho — todos já participamos de reuniões em que alguém não para de falar, mas como não tem mais nada a dizer, se repete. Essas reuniões não são agradáveis, tampouco produtivas. Por que reproduzir esse efeito em sua vida pessoal?

INTRODUÇÃO AO APRENDIZADO

Muitas pessoas passaram noites em claro com cartões de estudo ou outras técnicas de auxílio baseadas em repetição para fixar informações para um teste, acompanhadas por incontáveis canecas de café. Pensávamos que essa era uma estratégia eficiente, mas novas pesquisas mostram que repetir nomes ou números não ajuda a gravá-los. Se quiser assimilar algo, você deve usar a repetição espaçada.

A repetição espaçada é uma variação de estudo inteligente, que permite uma pausa entre a repetição de uma informação. Conheço alguns poderosos executivos que confiam totalmente nela, além de estudantes de medicina e até pessoas com demência moderada. Há um programa popular chamado SuperMemo, que permite que se use a repetição espaçada para memorizar vocabulário, poesias e praticamente qualquer outra informação que for inserida.[4]

Veja como eu a uso. Sou terrível para lembrar nomes. Quando vejo o nome de uma pessoa pela primeira vez, o repito de imediato. Espero cerca de um minuto e o digo outra vez. Se eu usar o nome quatro ou cinco vezes em uma conversa e aguardar um pouco entre cada iteração, terei uma chance a mais de aprendê-lo. (Mas uma chance não muito grande, porque tenho um bloqueio mental quando se trata de nomes de pessoas. Isso é só um aviso, no caso de nos conhecermos.)

O mesmo princípio se aplica ao local de trabalho. Digamos que haja três pontos importantes a transmitir aos colaboradores. Você os apresenta no início da reunião ("Nós vamos falar sobre isso"), explica cada ponto e, no final, os repete mais uma vez ("Recapitulando, aqui estão as informações importantes"). É mais provável que seus colegas se lembrem do que você disse se der estrutura e espaço à repetição.

Sem Repetições

Muitas vezes, a repetição é entediante, desnecessária e contraproducente. Ela é mais útil para ajudar na memorização do falante, e não na do ouvinte e, por esse motivo, destrói conversas. A única forma de garantir que você não dê motivo para as pessoas a se desligarem é prestar atenção ao que diz. Escute primeiro o que fala. Você se surpreenderá com o que ouve e ouve e ouve.

11

ESSA É UMA ÓTIMA PERGUNTA

Nenhum curioso é bobo. Quem não faz perguntas permanece na ignorância a vida toda.

— **NEIL DEGRASSE TYSON**

Existe um velho truque usado pelos repórteres para fazer com que as pessoas digam coisas interessantes. Começamos as perguntas com uma dessas seis palavras: quem, o que, onde, quando, por que e como. Essa prática é conhecida como fazer perguntas abertas, e você deve ter ouvido sobre isso ou ter usado alguma de suas formas, seja em uma entrevista de emprego ou em um encontro. A genialidade das perguntas abertas é que elas não podem ser respondidas com um sim ou um não. As perguntas menos complicadas geralmente provocam uma resposta complicada, assim como uma pergunta detalhada pode resultar em uma resposta de uma palavra.

Por exemplo, se estou entrevistando alguém sobre um tornado que passou por sua cidade, poderia perguntar: "Os ventos sopravam a uma velocidade superior a 160km por hora. Parece que sua casa foi destruída. Você ficou com medo?" É provável que eu receba esta resposta: "Sim, fiquei com medo. Foi muito assustador."

Mas se eu perguntar: "Como foi estar tão perto do olho do furacão?", é possível que obtenha uma resposta muito mais interessante. Eu também poderia perguntar: "O que você ouviu?" ou "O que você sentiu?" Essas são perguntas abertas, porque abrem a discussão. Elas oferecem à pessoa o espaço necessário para descrever o que aconteceu, em suas palavras. Talvez "assustador" não seja a palavra ideal para descrever seus sentimentos. Perguntas abertas estimulam as pessoas a contarem suas histórias.

Procuro usar essa tática diariamente, fora do estúdio da rádio. Já teve dificuldade em fazer seu filho contar o que aconteceu na escola? Eu também. Aprendi a usar perguntas abertas, como: "O que aconteceu na aula de história?" ou "O que a professora disse?" Embora, às vezes, ele responda com "nada". Com frequência, porém, a pergunta simples e direta extrai uma resposta com muitas palavras.

Perguntas fechadas — muitas vezes, perguntas sim-ou-não — também são ferramentas importantes a serem usadas com eficiência em muitas circunstâncias diferentes. "Seu telefone quebrou?" "Quer uma carona para casa?" Esses são só dois exemplos em milhões de possibilidades que são mais bem respondidos com "sim" ou "não". Como sempre ocorre nas conversas, o contexto importa, e nenhum conselho é absoluto. Se você só quer obter informações com rapidez e eficiência, perguntas fechadas são a escolha perfeita. Elas são específicas, diretas e mostram resultados rápidos.

Porém, há um aspecto das perguntas fechadas que você não considerou: elas lhe permitem controlar a conversa. Perguntas abertas transferem o controle para a pessoa que responde (em nossa analogia com o jogo de "pega-pega", fazer uma pergunta aberta equivale a dar a vez ao parceiro). O terreno está pronto para a outra pessoa levar o tempo que quiser para responder a uma pergunta que começa com "por que" ou "como".

Quando me mudei para Atlanta, para estrear um programa de rádio na Georgia Public Broadcasting, havia um grupo relativamente pequeno de pessoas aborrecidas com a possibilidade de o nosso programa de notícias substituir uma emissora de música dirigida por estudantes. Um rapaz em especial me enviava mensagens zangadas diariamente, às vezes tuitando comentários negativos sobre mim e sobre a estação.

Eu o convidei para almoçar e confesso que fiquei um pouco nervosa com o encontro. Ele estava claramente irritado, e parte de sua irritação era dirigida a mim, pessoalmente. Temi uma discussão e quis evitá-la a todo custo. Assim, eu me limitei quase totalmente a perguntas abertas simples: "Por que você está irritado? O que você sabe sobre os novos planos para a emissora? O que mudará para você agora que as notícias serão transmitidas durante o dia? O que posso lhe dizer sobre o programa que estou criando para a estação?"

Soube muitas coisas interessantes sobre ele, como o seu hobby de colecionar e consertar rádios antigos. E me despedi compreendendo melhor por que ele estava tão aborrecido com as mudanças na estação e por que ele gostava tanto da programação musical. Fazer perguntas me livrou da pressão, já que não tive que oferecer muitas informações. Eu o deixei falar usando perguntas que não tentavam caracterizar seus sentimentos e pensamentos. Acabamos tendo um almoço muito agradável.

Não quero sugerir que usar perguntas abertas sempre seja a melhor estratégia, ou que elas todas sejam boas. Muitos já ouviram perguntas terríveis em entrevistas de emprego, que não foram melhores por serem abertas. "Qual é sua maior fraqueza?" "Onde você se vê daqui a cinco anos?" "Por que quer este emprego?" Essas perguntas são abertas, mas poucos candidatos as respondem com sinceridade. (A propósito: "Como você se sentiu com isso?" também é uma pergunta horrível. Pode ser aberta, mas tornou-se clichê e perdeu o significado.)

Naturalmente, para melhorar suas perguntas, você tem que fazê-las. Constatei que a maioria das pessoas não faz muitas perguntas. Não sei dizer o porquê, mas deve ter algo a ver com o uso de um estilo conversacional narcisista. Qualquer que seja a causa, é uma pena, pois perguntas são poderosas.

As perguntas permitem que você mostre preocupação, interesse e cuidado. Eu as uso para desinibir introvertidos, estimular crianças e dar atenção aos esquecidos. Quando um amigo está em dificuldades, às vezes me limito quase totalmente a fazer perguntas. É claro que um dos conversadores mais solidários e pacientes da história recente, Fred Rogers (de *Mister Rogers' Neighborhood*), certa vez descreveu o poder da pergunta dessa forma: "Em momentos de estresse, o melhor que podemos fazer é ouvir com os ouvidos e com o coração, e garantir que nossas perguntas sejam tão importantes quanto nossas respostas."

Perguntas sinceras estimulam conversas com pessoas que não gostam muito de nós. O psicólogo social Robert Cialdini escreveu um livro chamado *Influence: The Psychology of Persuasion* [*Influência: A Psicologia da Persuasão*, em tradução livre]. Ele tem duas sugestões para conquistar pessoas que não gostam de você: faça elogios sinceros e *peça conselhos*. Faça perguntas! Pergunte que livro recomendariam, como lidariam com uma determinada situação no trabalho. Pergunte se têm um lugar de férias preferido e que presente você deveria comprar para um sobrinho de 12 anos.[1]

Aposto que há muitas coisas que você quer saber, e está com sorte, pois está cercado de pessoas muito bem informadas. Se não perguntar, não usufruirá do benefício do conhecimento de seu círculo de amigos e colegas de trabalho.

Perguntar é uma arte. Eu me orgulho por pesquisar e fazer perguntas que até celebridades nunca ouviram. Um de meus elogios preferidos é quando alguém me olha surpreso e diz: "Uau! Ótima pergunta. Nem sei como responder." Fazer uma boa pergunta exige ouvir com cuidado e ter uma curiosidade genuína.

Se você fez uma boa pergunta, dê tempo suficiente para a pessoa responder. Não tenha medo do silêncio. Muitas vezes, silêncio significa que a pessoa está pensando, e que sua resposta será ponderada. "Há pesquisas que mostram que, se você apresenta uma série de palavras ou entonações ao ouvinte, certas populações de células no cérebro começam a buscar um sinal", diz o neurocientista Seth Horowitz, "e se isso não ocorrer em um certo período de tempo, ele acionará centros de excitação e emoção. O silêncio é parte importante da comunicação e algo a que as pessoas não dão atenção".[2] Ele diz que o silêncio desperta partes do cérebro que estão adormecidas. Ao abrir espaço para o silêncio nas conversas, você envolverá uma parte maior de sua mente e da outra pessoa.

Perguntas abertas são uma disciplina que requer prática. Nem todas as perguntas podem começar com "quem", "o que", "onde", "por que" e "como". Tento começar cerca de metade das perguntas dessa forma, e mesmo assim é difícil. Contudo, a qualidade da resposta recebida depois de uma boa pergunta aberta é notada de imediato.

"Aprendemos por meio de perguntas", escreveu o romancista James Stephens, "e aprendemos mesmo quando (elas) não são respondidas, pois uma pergunta bem formulada carrega sua resposta em seu interior".[3] Às vezes, perguntas servem de inspiração e motivam novas explorações e descobertas. Algumas das maiores inovações da humanidade começaram com simples perguntas.

12

NÃO SE PODE SABER TUDO

Fiquei satisfeito por responder na hora. Eu disse: "Não sei."

— MARK TWAIN

Em 2009, a antes extremamente bem-sucedida rede Domino's Pizza lutava para sobreviver. As vendas caíram, e as ações atingiram o menor valor de todos os tempos. A pizza alcançou o último lugar em um teste de sabor em nível nacional.

A situação exigia medidas rápidas e radicais. Em uma atitude pouco ortodoxa, a empresa lançou uma campanha publicitária que admitia com franqueza: sua pizza era ruim.

Em um comercial na TV, eles citaram clientes que comparavam a pizza a "papelão", a chamavam de a "pior imitação de pizza" que tinham provado e disseram que ela "não tinha sabor algum". O anúncio mostrou imagens das duras críticas impressas, emolduradas e penduradas nas paredes dos escritórios. O narrador anunciou que a Domino's estava lançando uma nova receita e pediu aos clientes uma segunda chance.

O diretor executivo da empresa admitiu posteriormente que morreu de medo de exibir o anúncio. O resultado poderia ter sido o oposto. Mas não foi o que aconteceu. A propaganda alimentou uma das maiores reviravoltas ocorridas na história do setor de alimentação. No ano seguinte, as vendas cresceram quase 14%, e o valor das ações deu um salto de 130%. A empresa decidiu pela honestidade, e isso deu resultado. Como John Glass, da Morgan Stanley, observou: "As pessoas estão acostumadas a ouvir inverdades em propagandas. A sinceridade funcionou."[1]

Se você tem filhos, certamente explicou a eles que contar mentiras cria mais problemas do que os resolve. O mesmo princípio se aplica às conversas dos adultos. Isso não quer dizer que você deve dizer exatamente o que acha da voz de seu marido quando ele canta, mas, na maioria dos casos, a verdade é a melhor saída.

Nem sempre é possível dizer a verdade, mas a mentira ocasional sobre por que seu almoço foi tão longo ou por que não conseguiu chegar a tempo de assistir ao jogo de futebol de seu filho é muito diferente de contar um "fato" que você sabe ser uma inverdade ou não sabe se é verdade. Acho possível evitar dizer coisas sobre as quais não se tem certeza e ficar à vontade para falar "não sei".

Há dois motivos importantes para fazer isso: primeiro, criar uma base de confiança e honestidade e, segundo, admitir a própria falibilidade. A campanha publicitária da Domino's mostrou resultado porque as pessoas reagiram à humildade e à franqueza da empresa. Reconhecer um erro ou a falta de conhecimento pode parecer o reconhecimento de uma fraqueza, mas cria um forte elo de empatia.

Quando faço entrevistas ao vivo na rádio, as pessoas geralmente são muito cuidadosas com as palavras. Há um enorme e intimidador microfone à sua frente, produtores olhando fixamente para elas através do vidro e a certeza de que inúmeras pessoas as estão ouvindo. Esses fatores servem como lembretes de que o que disserem se tornará público e ficará arquivado na internet durante anos. Assim, elas são muito cautelosas sobre o que decidem dizer.

Não costumamos ter essa cautela nas conversas casuais. Um amigo menciona um problema no carro e imediatamente falamos de carburadores e alternadores como se fôssemos mecânicos. Um colega de trabalho fala sobre novidades na política de imigração e despejamos opiniões e fatos como se trabalhássemos para o Serviço de Cidadania e Imigração. Não lembra a estatística com exatidão? Tudo bem, faça uma estimativa! Deu uma olhada superficial em um blog sobre viagens de avião? Sem problema! Você viajou de avião várias vezes e sabe como funciona.

É tentador acrescentar um ponto à conversa, mas aconselho-o a não passar informações não comprovadas, tampouco dar opiniões sobre temas dos quais sabe muito pouco. Ou seja, ler os primeiros parágrafos de um artigo que alguém postou no Facebook não significa "saber" se é verdade. E experiência limitada não torna ninguém um especialista. Só porque você teve um bebê não significa que sabe tudo sobre gravidez, jogar golfe algumas vezes por ano não o torna um profissional. Quando você finge saber mais do que realmente sabe, acaba dando maus conselhos ou evita que alguém busque orientação com um verdadeiro especialista. Como disse o grande poeta Alexander Pope: "Um pouco de conhecimento é algo perigoso."

Há muitos motivos para fingirmos saber coisas que não sabemos ou agir como se possuíssemos um conhecimento maior do que o real. O primeiro é simples: queremos impressionar. Queremos que pensem que somos inteligentes. Só que, quando dizemos uma bobagem, parecemos menos inteligentes do que se tivéssemos ficado calados. É como uma criança que usa palavras difíceis sem saber pronunciá-las.

Outra razão para adotarmos esse comportamento é porque relutamos em pedir ajuda. Em seu livro *Help: The Original Human Dilemma* [Ajuda: O Dilema

Humano Original, em tradução livre], Garret Keizer afirma que as pessoas evitam pedir ajuda às outras. "Elas agem como se (pedir ajuda) fosse uma deficiência", disse Keizer em uma entrevista para o *New York Times*. "Isso se agrava se o ambiente de trabalho é muito competitivo dentro ou fora da empresa. Há um medo compreensível de que, se você baixar a guarda, será prejudicado, ou que essa informação que você desconhece... será usada contra você."[2]

Pedir ajuda no ambiente profissional revela o que você não sabe sobre sua função e o coloca em risco. Contudo, muitas pessoas se recusam a pedir ajuda em situações rotineiras. (Levante a mão se você não pede informações quando está perdido.) Admitir que não sabe algo e pedir informações a outra pessoa pode parecer estranho. É como expor uma fraqueza. Mas não admitir seu desconhecimento ou, pior, dizer uma inverdade, é uma receita certa para perder o respeito de seus colegas.

Às vezes, damos informações inexatas porque realmente queremos ajudar quem *nos* pede ajuda. Imagine que uma amiga de fora peça uma recomendação de restaurante. Sua resposta instintiva é indicar um lugar pelo qual passa todos os dias a caminho de casa. Você ainda não comeu lá, mas aquele parece um bom lugar. Seria prudente admitir que nunca foi lá, mas você checou o cardápio e notou que o estacionamento está sempre lotado. Mesmo assim, muitas vezes ignoramos esses detalhes. E se sua amiga, confiando em sua indicação, comer no restaurante e descobrir que a comida é horrível? Que opinião ela teria a seu respeito? No mínimo, pensaria que você tem um péssimo gosto.

Agora, imagine esta situação: Mike diz a Mandy: "Quero assistir a esse filme, mas não sei se vale o preço do ingresso. Você sabe se é bom?" Mandy não viu o filme. Ela viu um trailer de trinta segundos e leu um comentário negativo de uma amiga no Facebook. Ela deve admitir que não sabe se é bom ou fingir que o viu e dizer: "O filme é horrível, não assista"?

Este exemplo ocorreu comigo recentemente. Como sei que a pessoa não viu o filme? Porque depois de me dizer que era horrível, perguntei: "Então, você o viu? Por que é tão ruim?" Nesse momento, ela admitiu que não o tinha visto. E admito que minha opinião sobre ela ficou um pouco prejudicada. Tecnicamente, ela não mentiu, mas foi como se o *tivesse* feito.

No livro de Steven Levitt e Stephen Dubner, *Pense Como um Freak*, há um capítulo chamado "As três palavras mais difíceis da língua inglesa". Talvez você pense em "Eu te amo", mas os autores afirmaram que as palavras são "Eu não sei". Eles citam uma pesquisa na qual crianças entre 5 e 8 anos responderam a uma série de perguntas, e 75% delas responderam sim ou não quando não seriam capazes de saber a resposta.

Quem conduziu a pesquisa foi Amanda Waterman, professora de psicologia do desenvolvimento da Universidade de Leeds. E antes que você pense que só crianças seriam tão tolas para fingir que sabem coisas que não sabem, Waterman realizou uma série de testes também com adultos. Quando os testou, um em cada quatro fingiu saber o que não poderia saber. Você poderia pensar que o medo de ser exposto as impediria de mentir, mas para 25% das pessoas, esse medo não foi intenso o bastante.

Waterman diz que geralmente não admitimos não saber algo ao falar com pessoas com mais poder ou com uma posição mais alta que a nossa. "Talvez (nós) nos sintamos em desvantagem", diz ela. "(As pessoas) querem mostrar o que podem fazer. Elas não ficam à vontade em admitir que não sabem algo."

Steven Levitt sugere que a tentação de fingir ser especialista é principalmente forte no mundo dos negócios. Ele diz que seus alunos de MBA são muito bons em "fingir que sabem a resposta quando não têm a menor ideia". Mas ele continua e diz que a mentalidade "finja até conseguir" é totalmente contraproducente. "Ela conserva seu emprego por mais uma semana ou um mês", diz ele, "mas essa não é a questão. O objetivo é ser bom e progredir, tornando as coisas melhores, e a única forma de conseguir isso é dizendo 'eu não sei'."[3]

Eu diria que quando você finge saber algo que não sabe, limita seu potencial e se arrisca se aproveitar da confiança que alguém tem em você.

Voltemos à conversa sobre o novo filme. Se eu não tivesse feito mais perguntas à minha amiga sobre como ela formou sua opinião, provavelmente teria confiado em seu conselho equivocado e não teria assistido ao filme. E isso teria sido ruim, pois fui assistir e acabei gostando muito. Na verdade, gostei tanto que assisti novamente, semanas depois.

E quando a questão envolvida é mais importante do que a recomendação para um filme? Muitos médicos admitem que têm dificuldade em dizer que não sabem o que há de errado com um paciente. Em uma entrevista ao *Huffington Post*, o neurologista Nicholas Capozzoli sugeriu que essa questão é habitual entre seus pares. "Os médicos ficam constrangidos em admitir incerteza para si mesmos ou para os pacientes. Com frequência, sentem que se disserem que desconhecem a causa dos sintomas, ou que não há uma varinha de condão para curá-los, estarão ameaçando sua habilidade, autoridade ou posição como especialistas."[4]

O Dr. Stuart Foxman escreveu sobre o assunto em uma coluna para a Faculdade de Medicina e Cirurgia de Ontário. Ele descreveu um médico que resolveu dizer "Eu não sei" quando não tinha certeza da resposta. O resultado? Muitos pacientes disseram que confiaram mais nele. "Os pacientes sabem que os médicos têm limitações em seu conhecimento", escreve Foxman, "mas querem sentir que você está fazendo o melhor por eles. Isso acontece quando você diz 'Eu não sei — mas descobrirei'"[5]

Conversas são a base dos relacionamentos, e relacionamentos são construídos com confiança. Quanto mais franco você for quanto às limitações de seu conhecimento, maior peso as pessoas darão às suas opiniões. Se você não souber de algo, diga: "Eu não sei." Essas três palavras fortalecem o elo entre você e a outra pessoa. Elas são a porta para a exploração e o crescimento adicionais. Você só aprenderá de fato se admitir que tem algo a aprender.

13

DIGA APENAS O ESSENCIAL

A capacidade de simplificar significa eliminar o desnecessário para que o necessário se sobressaia.

— HANS HOFMANN

Você já ouviu falar de *shaggy dog stories* [histórias de cachorros peludos]? Essas histórias incluem todo tipo de detalhes estranhos e desnecessários e digressões irrelevantes que levam a um final decepcionante. Há muitas histórias desse tipo que realmente incluem um cão peludo, mas o exemplo mais marcante, em minha opinião, vem de Mark Twain.

Em seu livro de 1872, hoje clássico, *Roughing It* [*Terra Bruta*, em tradução livre], Twain escreve sobre suas viagens pelo oeste dos Estados Unidos. Em uma cidade, Twain encontrou várias pessoas que conheciam um homem chamado Jim Blaine. Elas disseram que ele tinha uma história imperdível. E assim, Twain esperou impaciente por uma oportunidade de ouvir a história pessoalmente. Finalmente, Twain pegou Blaine em uma boa hora e sentou-

-se para ouvir a "incrível história do velho carneiro de seu avô". Se você leu o livro, então sabe que a seguir vem um bloco de texto de cerca de 1.500 palavras. Aqui está uma amostra:

> *Meu avô foi buscar (o carneiro) em Illinois — comprou-o de um homem chamado Yates, Bill Yates — talvez você tenha ouvido falar dele; seu pai era diácono — batista — e também um trabalhador; um homem tinha que madrugar para acompanhar o velho agradecido Yates; foi ele que fez os Green se unirem ao meu avô quando ele se mudou para o oeste. Seth Green provavelmente era o escolhido do rebanho; ele se casou com uma Wilkerson — Sarah Wilkerson — boa criatura, ela era — uma das pessoas mais agradáveis que já foi criada na velha Stoddard, diziam todos que a conheciam.*

Blaine não termina, pois dorme no meio do relato. (Isso acontecia sempre que a história era contada, e Twain fica compreensivelmente irritado com a pegadinha de que foi vítima.) A história de Blaine é um exemplo extremo de algo que a maioria de nós faz regularmente: damos muitos detalhes e citamos fatos desnecessários. Assim como aconteceu com Blaine, detalhes em excesso arruínam boas histórias e entediam o ouvinte.

Jornalistas se referem a essa tendência como "afundar-se em minúcias" — incluindo tantos detalhes em uma história que ela se torna desinteressante e impossível de acompanhar. Quando você se afunda em minúcias, perde a história ou o ponto principal, e vagueia sem rumo em um campo de detalhes insignificantes. Já é difícil manter a atenção das pessoas quando se está falando sobre algo importante e significativo. Imagine como é mais difícil quando se começa a despejar nomes e datas irrelevantes.

Meu trabalho exige que eu esteja atenta à forma como me comunico. Mas foi só depois de decidir trabalhar na melhoria de minha conversação que observei a frequência com que incluo detalhes desnecessários em minhas conversas. Recheio as histórias com muitos fatos inúteis e irritantes.

Talvez você se identifique com a situação. Afundar-se em minúcias costuma soar mais ou menos assim: "Fomos para a Itália em 2006. Não, acho que foi em 2007. Espere, deve ter sido em 2005, porque foi logo depois de eu aceitar aquele emprego em Boston. Acho que é isso. Sharon deve saber com certeza." Quando você volta à história, seu amigo está olhando para você entediado, pensando em pedir licença e tomar um café.

O psiquiatra organizacional Mark Goulston diz que só temos 40 segundos para falar antes de corrermos o risco de dominar a conversa. Ele descreve os primeiros 20 segundos como um sinal verde, tempo em que pessoa gosta de você e do que tem a dizer. Os próximos 20 segundos são o sinal amarelo, quando "a outra pessoa está começando a perder o interesse ou a achá-lo monótono". Segundo Goulston, aos 40 segundos o sinal fica vermelho e é hora de parar de falar.[1]

Avalie essa duração. Observe o ponteiro do relógio, comece a contar uma história e pare quando atingir quarenta segundos. Não é muito tempo! Se você o desperdiçar com detalhes supérfluos, nunca chegará ao ponto essencial de sua mensagem.

Há vários motivos pelos quais as pessoas tagarelam. Já citei um dos mais prováveis: falar de si é um prazer inato, e a maioria das pessoas gosta de falar. Porém, algumas falam demais quando estão ansiosas. A ansiedade faz as palavras continuarem a escapar de suas bocas. Outras o fazem porque querem impressionar com o quanto conhecem um determinado tema. E outras simplesmente nunca aprenderam a ouvir e ficam pouco à vontade com o silêncio.

Qualquer que seja o motivo, detalhes irrelevantes são o fim de uma boa conversa, assim como as digressões de Jim Blaine acabaram com o que poderia ser uma ótima história... se a terminasse.

Naturalmente, há situações em que é importante dar atenção aos detalhes. Por exemplo, esperamos que os políticos se afundem em minúcias antes de votar as leis. Um advogado defendendo um caso no tribunal deve estudar e articular as minúcias da lei e certamente esperamos que nossos médicos e contadores preocupem-se até com as menores tecnicalidades. Mas não queremos ouvir um deputado falar sobre as mudanças na Lei Aldrich-Vreeland, nem escutar o médico descrever que tipo de bisturi usará na cirurgia. Queremos que ele discuta esses fatos com seus colegas, mas não queremos saber deles. Nossas conversas diárias podem ser rapidamente enterradas debaixo de um monte de detalhes e nos sufocar.

Para alguns, "as minúcias" são realmente um meio agradável de manter a conversa. Você certamente tem um amigo ou parente que adora enumerar cada tarefa que realizou durante o dia ou recitar uma lista de coisas que ainda tem que fazer. Você pergunta: "Como vai?", e ele responde: "Estive tão ocupado hoje! Levantei cedo, fiz o café. Tenho que preparar uma refeição especial para o meu cachorro, porque ele está com problemas digestivos, então preciso misturar um pó na comida. Depois, tive que levar meu notebook para o conserto. Há uma semana, ele começou a travar sempre que abria o CD Player. Depois, eu fui..." Não vou torturá-lo com o resto do exemplo. É difícil lê-lo sem ficar entediado, não é?

Geralmente, ninguém liga para esses detalhes além de quem os narra. Você compraria um livro com duzentas páginas da lista de tarefas de alguém? Provavelmente, não. Quem quer saber se você limpou a caixa de areia do gato, se foi ao caixa eletrônico ou comprou alface na mercearia? Esses detalhes não são interessantes, nem mesmo para o gato.

Isso não quer dizer que não seja recompensador *para você* anotar o que fez ou precisa fazer. Muitos especialistas em produtividade recomendam habituar-se a anotar o que faz todos os dias. Isso lhe dá a sensação de realização e tira de sua cabeça a lista de tarefas a fazer, para que você possa se concentrar em outras coisas. Mas, em vez de escrever as realizações em um tablet, às vezes descarregamos nossos dados em outras pessoas.

Descrever suas atividades em voz alta pode provocar uma sensação boa, mas raramente é um material de conversa interessante. O que alguém pode dizer depois de ouvir sua lista de afazeres? "Uau, quanta coisa"? Parece até que você quer elogios por ter feito tanta coisa ou solidariedade por tudo que resta a fazer. E o limite de quarenta segundos de Mark Goulston certamente foi ultrapassado.

Não quero dizer que nunca seja bom partilhar detalhes de algo de que gosta. Às vezes, é bom poder contar a alguém tudo o que fez ou precisa fazer, e muitas vezes é um gesto de amor ouvir e apoiar. Perdi a conta de quantas vezes ouvi com meio ouvido meu filho me contar os detalhes de um complicado jogo de mesa. Embora seja importante ouvi-lo, e continuarei a fazê-lo não importa quantas vezes ele contar sobre o poder de ataque de cada personagem, eu o farei porque sou sua mãe e o amo mais do que tudo no mundo, não porque tenha quaisquer ilusões de que isso seja uma boa conversa.

Ouvir detalhes também é algo que você pode fazer por um amigo em dificuldades. Talvez um ente querido, que teve um diagnóstico de câncer, precise falar de todos os aspectos de seu tratamento e prognóstico e até mesmo de suas preocupações mais banais. Alguém que perdeu um ente querido poderá querer partilhar tudo sobre sua vida e seu trabalho. Nesse caso, ouvir é um ato de amor.

Entretanto, não é necessário esperar pacientemente sua amiga contar o que passou para registrar seu automóvel. Ela se queixará do tempo de espera na linha, da música que teve que ouvir seis vezes, mas você não precisa ouvir. Você *até pode*, mas também pode lhe dizer para pular para o fim da história.

Recitar nossas tarefas é apenas uma forma de nos afundarmos em minúcias. Outro erro comum é relacionar tudo o que sabemos sobre um assunto em um grande fosso conversacional. Isso ocorre muito no estúdio da rádio, principalmente se o convidado estiver nervoso. Apresento um tema, o convidado diz tudo o que sabe sobre ele, e eu o interrompo antes que ambos percamos o rumo da conversa.

O mesmo acontece em nossas conversas pessoais. Alguém pergunta se temos um animal de estimação e lhes contamos seus nomes, suas idades, suas raças e suas personalidades. Uma pessoa pergunta se temos um computador ou um notebook e falamos quanta memória RAM e memória de sombra que temos.

Quase todos fazemos isso, e não é porque tentamos entediar as pessoas. Duvido que alguém comece uma conversa e pense: "Cara! Vou matar esse sujeito de tédio. Ele vai desejar não ter me encontrado hoje." Mas não se engane: esses detalhes são entediantes para todos, menos para você. Se o objetivo de uma conversa é envolver a outra pessoa e ter um diálogo eficiente e esclarecedor, as trivialidades rapidamente se tornarão contraproducentes.

O dano é maior se você tiver informações importantes a partilhar. Se quiser dar detalhes de um voo, atenha-se ao nome da companhia aérea, ao horário de partida e ao número do voo. Se incluir o valor da passagem, a duração das escalas, o melhor lugar para estacionar e o número do voo da viagem de volta, as informações essenciais se perderão.

Pense desta forma: imagine que você quer que alguém se lembre de um número. Você recitaria cem números diferentes ou apenas o que importa? Se você jogar cem bolas de pingue-pongue em alguém, seria mais fácil ou difícil pegar uma em especial?

Não são apenas listas de afazeres e detalhes entediantes que nos afundam em minúcias. Isso também acontece quando nos sentimos impelidos a corrigir informações obscuras da história de alguém. Imagine que um amigo esteja contando uma história assustadora. Ele diz que depois de ter sido levado de helicóptero ao hospital mais próximo, fez um exame de ressonância magnética para ver se tinha fraturado as costelas. Você o interrompe e diz: "Bem, uma ressonância não mostraria suas costelas. Uma ressonância só mostra tecidos moles. Tem certeza de que não foi um raio-X?" Você acaba de desviar a conversa (e, provavelmente, a amizade) para o terreno dos detalhes irrelevantes.

O mesmo princípio se aplica a conversas rotineiras. É tentador corrigir erros de gramática, de pronúncia ou o uso incorreto de termos técnicos. Resista à tentação.

Vou dar um passo além e sugerir que você elimine a frase: "Bem, na verdade…" de seu vocabulário. Não costumo dar conselhos sobre palavras ou frases específicas a serem usadas ou evitadas, mas farei uma exceção. Assim como acontece com "Não sou racista, mas…", nada de bom virá depois das palavras "Bem, na verdade…" Se precisar corrigir alguém porque algo ruim vai acontecer se a pessoa não tiver a informação correta, ache outro meio ou espere até que ela termine a história. Se for algo trivial, não a corrija. Ninguém precisa interromper uma história sobre um jantar para explicar que o verdadeiro champanhe só é feito na França.

Cabe a você determinar que informação é essencial. Às vezes, isso é difícil. Porém, se estiver pensando no assunto, já progrediu. Com frequência, continuamos a despejar informações sem avaliar se deveríamos fazê-lo.

Na próxima vez que você se vir fornecendo muitos detalhes sobre uma questão pessoal, dê uma boa olhada no rosto da outra pessoa. Ela está olhando para outra coisa além de você? Está disfarçando um bocejo?

Nesse caso, ela quer escapar. Esqueça em que ano comprou seu primeiro Toyota e continue a história. Seus amigos, familiares, colegas de trabalho, recepcionistas e caixas agradecerão.

14

VIAJANDO JUNTOS

> Deixar as distrações de lado para notar e compreender as pessoas com quem você está pode parecer ineficiente — há muitas pessoas e questões com que se preocupar. Mas estar presente o torna eficiente.
>
> — MARGARET HEFFERNAN

Acho que uma linguagem simples descreve o comportamento humano com mais exatidão que qualquer manual diagnóstico*. Comecei o capítulo anterior falando sobre "shaggy dog story". Este começa com uma expressão igualmente tátil: woolgathering ["colher lã"].

Quando usado para descrever o comportamento em uma conversa, o woolgathering se refere ao hábito de se entregar a pensamentos aleatórios e fantasias. Quando acontece, você olha para a pessoa que fala e até acena com a cabeça de vez em quando,

---

* Uma referência ao DSM [Manual Diagnóstico e Estatístico dos Transtornos Mentais], da APA. [N. E.]

mas, preso a seus pensamentos, em seu mundo, não ouve uma palavra sequer. Você está colhendo lã.

A expressão vem da prática de caminhar no pasto, de um arbusto a outro, recolhendo tufos de lã deixados pelos carneiros. Não há um rumo ou caminho definido, você anda até um arbusto onde vê uma mancha branca e então prossegue até o próximo.

A diferença entre afogar-se em minúcias e colher lã em uma conversa é que, no primeiro cenário, o falante se distrai e, no segundo, é o ouvinte que tem dificuldades em se concentrar.

Quando falo de colher lã, não me refiro a interrupções ou perdas de foco momentâneos, mas a pensamentos distrativos que o levam para o fundo de sua mente e para longe da conversa. Outra expressão comum para colher lã é "descer pela toca do coelho". Como os devaneios de Alice, no País das Maravilhas, você cai para longe da conversa que está acontecendo em tempo real.

Tenho muita dificuldade nessa área. Sou o tipo de pessoa que alguns chamam de "avoada". Sofro de transtorno de *deficit* de atenção de adulto (TDAA) e, às vezes, é difícil manter o foco. Minha mente se enreda com facilidade nos fios de milhares de pensamentos divergentes, correndo em várias direções. Se não me vigiar, sigo um desses fios e, em segundos, estarei a quilômetros de distância da conversa. Você conta que levou o carro para a oficina, e eu respondo com um comentário sobre o desempenho de Michael Jackson em *O Mágico Inesquecível*. (Sim, isso realmente aconteceu.)

No início de minha carreira de repórter, esse não era um grande problema. Eu nunca ia ao ar ao vivo por muito tempo — todas as minhas entrevistas eram gravadas e editadas. Entretanto, quando passei a apresentar um talk show ao vivo, minha tendência à distração tornou-se um problema sério.

Nunca esquecerei uma entrevista sobre a guerra do Afeganistão com um correspondente estrangeiro. Não sei bem quando perdi a linha do pensamento, mas em algum ponto ele parou de falar, à espera de minha resposta — e me dei conta de que não tinha ideia do que ele falara. Fiz uma pergunta que imaginei que nos levaria a uma nova direção, e constatei que ele já a tinha respondido. E sei disso, porque ele falou: "Bem, como acabo de explicar..."

Dezenas de milhares de pessoas estavam ouvindo. Fiquei arrasada.

Talvez isso lhe pareça familiar. Embora haja menos testemunhas dos momentos em que a maioria das pessoas colhe lã, ainda não conheci ninguém que, em algum ponto, não tenha sido chamado para "voltar à Terra".

Como saber se você é propenso a colher lã? Existem testes para medir a capacidade de ignorar informações irrelevantes. Um deles se chama Teste de STROOP para Cores e Palavras (no Google existem diversas versões online diferentes deste teste). O exercício pede que você identifique uma palavra pela cor das letras, não pela palavra em si. Por exemplo, a palavra "branco" está impressa em laranja. Sua tarefa é identificar a cor laranja, mesmo que a voz dentro de sua cabeça — a que nos distrai — se concentre na palavra "branco". Quanto mais depressa responder cada pergunta, maior é a probabilidade de obedecer à voz e errar.

Pessoas que fazem o teste de STROOP o consideram difícil. É possível ler estudos científicos e examinar as conclusões, mas vou resumir os resultados em uma única frase: a maioria dos seres humanos é propensa a algum grau de distração.

Você já conheceu alguém com uma capacidade incrível de afastar as distrações? Tive uma amiga na faculdade que poderia redigir uma tese sentada em plena Times Square. Pessoas iguais a ela têm um alto grau de uma qualidade chamada "inibição latente", que determina a capacidade de ignorar ruídos e outras interrupções. Se sua inibição latente for alta, é provável que não tenha dificuldade em trabalhar em um escritório de ambiente totalmente aberto. Se for baixa, precisará de protetores auriculares para eliminar a distração e se concentrar no trabalho. Para quem possui baixa inibição latente, uma pequena distração, como um pombo no parapeito da janela da sala do chefe, o impede de se concentrar no que está sendo dito.

Shelley Carson, psicóloga de Harvard, demonstrou que pessoas criativas e muito inteligentes têm uma probabilidade sete vezes maior de ter baixa inibição latente.[1] Ou seja, quanto mais inteligente e criativo você for, mais dificuldade terá em ignorar distrações. De certo modo, o estereótipo do criativo "pouco inteligente" é verdadeiro — os com forte impulso criativo são mais propensos a se perderem nos intermináveis corredores da mente.

É natural e bastante comum se distrair, e isso não representa uma falha de caráter. Pode até revelar algo positivo, se você for do tipo "copo meio cheio". Mas certamente não o ajudará a ter uma boa conversa.

Uma boa conversa requer foco, e também exige que duas pessoas se concentrem no mesmo tema, ao mesmo tempo. Ambas devem querer e estar preparadas para ignorar uma boa parte do que se passa em sua mente. Por quê? Porque a distração é inerentemente individual. Seus pensamentos e conexões aleatórias dificilmente corresponderão ao que se passa na cabeça da outra pessoa. Isso não significa que um pensamento aleatório não possa se tornar um ótimo complemento à conversa, mas não é o que costuma ocorrer.

Quando alguém cita um objeto ou local específico — um detalhe insignificante na história —, você se verá descendo pela toca do coelho. Sua amiga diz que viu o ex em um café local, e isso o faz lembrar quando viu uma celebridade no mesmo café. Você se concentra no esforço de inserir essa lembrança na história, enquanto sua amiga descreve uma experiência difícil e estranha. Ela diz: "Não vou mais a esse lugar", e você responde: "Mas você pode ver alguém famoso, como eu vi!" Você deixou que o pensamento aleatório desviasse a conversa, e fez sua amiga questionar seu investimento no relacionamento.

Contudo, no contexto apropriado, a digressão é positiva. Algo que sua amiga diz desperta os neurônios em seu cérebro e gera uma ideia. Quando a conta, sua amiga também fica inspirada. Esse tipo de improvisação conversacional pode ser uma experiência fantástica. Mas ela costuma ocorrer quando a ideia tem forte ligação com o que sua amiga estava dizendo. Vocês não mudaram o rumo da conversa, apenas vagaram juntas por um caminho inesperado. É uma aventura partilhada.

Aprender a se concentrar oferece benefícios que vão além de melhores conversas. Um estudo conduzido em 2007 relatou que exercitar um bom autocontrole produz melhores relacionamentos, aumenta a saúde mental, reduz o estresse e melhora as notas, se estiver estudando.[2] E isso não é tudo: saber usar sua força de vontade o deixa menos propenso ao abuso de álcool e drogas em geral, e a sofrer de transtornos alimentares ou infringir a lei. Para os fins deste estudo, o autocontrole foi definido como "a habilidade de controlar ou dominar pensamentos, emoções, vontades e comportamentos". Isso é exatamente o que você faz quando decide não seguir os pensamentos em sua mente durante uma conversa.

A propósito, o mesmo estudo revelou o quanto é difícil ter disciplina. Seus pensamentos podem literalmente esgotá-lo. Na verdade, o cérebro consome 20% de nossas calorias. Os pesquisadores descobriram que exercer autocontrole reduz os níveis de glicose no corpo. A glicose é um açúcar simples que fornece energia. Ignorar distrações e manter o foco *consome energia*. Em um experimento famoso, os participantes foram tentados com biscoitos de chocolate recém-assados e depois solicitados a resistir a eles e a comer rabanetes como alternativa. Todos os participantes receberam um enigma. Os que resistiram aos biscoitos tiveram dificuldades em resolvê-lo, pois estavam cansados demais para tentar.

Não é surpresa ter dificuldade em se concentrar em uma conversa no final de um longo dia — não sobra energia para reunir atenção suficiente.

Uma boa conversa é um rio de águas tranquilas. Pode até ser um rio turbulento, com águas claras e curvas acentuadas, mas que não deve ser desviado ou represado. E não pule para outro bote na esperança de que seu amigo pule com você. Vocês estão juntos em todas as curvas e voltas.

Para que a conversa continue, aprenda a deixar os pensamentos passarem por sua cabeça sem se distrair por eles. Não é fácil, mas *é* possível treinar seu cérebro para ignorar pensamentos perturbadores. Sei disso por experiência própria, pois, sendo alguém com TDA, tenho que ficar atenta a isso.

A natureza extremamente rápida das conversas é um dos motivos que dificultam resistir à tentação de ser levado pelos pensamentos, ou colher lã. Nos Estados Unidos e no mundo, as conversas ocorrem em uma velocidade incrível. Quando pesquisadores gravaram conversas em dez idiomas, em lugares como Itália, Dinamarca, Japão, Coreia, Papua-Nova Guiné, Namíbia e Estados Unidos, constataram que o tempo médio entre o término de uma frase e a resposta é de cerca de 200 milissegundos.[3]

O país com o menor intervalo é o Japão, com 7 milissegundos, o que significa que eles praticamente falam todos juntos, ao mesmo tempo. E, mesmo no país com o intervalo maior, a Dinamarca, ele foi de apenas 470 milissegundos. Isso é menos que a metade de um segundo! Para entender melhor, são necessários 600 milissegundos para resgatar uma palavra de nossos bancos de memória. Se respondemos em apenas 200 milissegundos, não estamos pensando antes de falar.

Como é possível responder tão depressa? Stephen C. Levinson, do Instituto Max Planck de Psicolinguística, diz que "construímos nossas respostas *enquanto* o parceiro fala". Levinson sugere que "ouvimos as palavras (de alguém) enquanto formamos as nossas, para que quando a oportunidade surgir, nós a aproveitemos tão rápido quanto for fisicamente possível". Faz sentido, mas discordo de Stephen em um ponto. Não acredito que ouvimos alguém enquanto formulamos nossa resposta. Se sempre pensamos no que diremos em seguida, só ouvimos parte do que é dito.

Os seres humanos sempre estiveram sujeitos à distração, mas a tecnologia exacerbou essa tendência. De algum modo, esperamos que nossas conversas reais correspondam à experiência que temos online. Pesquisas mostram que quase todo mundo avança rapidamente por cerca de metade dos artigos que "leem" na internet.[4] E adivinhe qual é o recurso mais popular na web? Clicar nos links.[5] Pense nisto: o que mais gostamos de fazer quando lemos algo é clicar em um link que nos leva a outra página. Antes de terminar de lê-la, clicamos em outro link que nos leva a outro lugar. A internet estimula o cérebro a seguir tangentes, mas isso não funciona bem na conversação.

É natural ter dezenas de pensamentos ocupando o cérebro enquanto alguém fala, distrair-se com o voo de uma borboleta ou com a camiseta engraçada de um sujeito que passa. Também é natural pensar em algo sobre o que preferiria falar ou se entusiasmar com alguma coisa que ocorreu enquanto estava ouvindo. Nenhuma dessas distrações é inerentemente ruim ou contraproducente. Contudo, tentar incorporar esses pensamentos aleatórios a uma conversa não a tornará melhor. É difícil para outra pessoa acompanhar as idas e vindas de sua mente, portanto, se você se deixar levar por devaneios, vagueará para longe e a deixará para trás.

Para alguns, é complicado deixar a conversa fluir livremente, porque requer abrir mão do controle. Muitas vezes, gostamos de ser o condutor. Os devaneios são uma forma de fazê-lo. Se quisermos virar em uma esquina, nós o fazemos. Podemos sair da via a qualquer momento, mudando de assunto. Isso é especialmente tentador quando surge um pensamento inteligente ou interessante. É difícil resistir a fazer uma piada ou a acrescentar um comentário divertido, mesmo que isso interrompa o fluxo da conversa. Muitas vezes, não nos damos conta de que estamos interrompendo! Só soltamos um comentário inteligente que enriquece e anima a conversa, certo? Essa é uma forma sutil de narcisismo conversacional.

Às vezes, a linha entre uma dispersão e uma resposta legítima é imprecisa. Nem sempre a direção da conversa está clara e é impossível saber se uma observação mudará seu rumo. É mais fácil identificar essa linha se você estiver realmente ouvindo.

Aqui está uma boa regra geral: em uma conversa saudável, esteja presente. Ouça o que está sendo dito. Se deixar um pensamento distraí-lo ou se estiver concentrado no que dirá em seguida, você não está ouvindo.

É possível treinar sua mente para se distrair menos. A meditação é um método muito eficiente. Ela ensina a observar seus pensamentos e a liberá-los em vez de se ater a eles. Mas caso não seja adepto da meditação, observe o que está acontecendo em sua cabeça. Não tente mudar nada, apenas fique atento. Quanto mais rápido você notar uma distração, maior a chance de deixar que ela domine sua mente antes de levar o cérebro e seu corpo com ela.

Usando tecnologia de MRI, cientistas não só identificaram a parte do cérebro que nos ajuda a nos mantermos concentrados (o córtex pré-frontal ventrolateral), mas também descobriram que a atividade mental tem seu próprio tipo de *momentum*.[6] Por exemplo, quando você vai tomar um copo de água, o seu corpo se prepara para se movimentar e sua boca produz saliva em antecipação. Quanto mais longe você seguir nesse caminho mental, mais difícil será parar o *momentum*. Se prestar atenção a seus pensamentos, notará quando uma distração aparece antes que sua resposta fisiológica esteja em total movimento. Isso é o que significa ser "mindful".

Quando ficar ciente dos pensamentos em sua cabeça, não lute contra eles nem tente "limpar sua mente". É impossível impedir o cérebro de pensar, e resistir ativamente aos pensamentos pode ser muito distrativo. Em vez disso, quando um pensamento surgir, simplesmente diga: "É um pensamento", e volte a concentrar-se na conversa.

Além disso — neste ponto, espero que não seja necessário dizer —, as melhores conversas são "desconectadas". Guarde o smartphone, afaste-se do computador e desligue qualquer aparelho tecnológico que possa fazer barulho. Desative as notificações. Você precisa mesmo ser avisado toda vez que alguém curtiu seu post no Facebook? Precisa saber momento exato em que alguém compartilhou sua foto no Instagram? Provavelmente, não. O adulto comum verifica o celular 110 vezes por dia. Isso é uma olhada a cada treze minutos. Em vez de tentar resistir à necessidade de olhar enquanto está falando, deixe-o fora de vista.

Conversas exigem paciência e foco, duas qualidades difíceis de se cultivar. No entanto, não encaro isso como uma desvantagem — acho que o desafio aumenta a beleza da conversação. Conversações são preciosas, pois exigem que você partilhe tempo e foco igualmente com outra pessoa, em vez de se deixar levar pelos seus pensamentos. Desse modo, você segue o fluxo natural da interação humana e se permite ser levado para um território novo e desconhecido. Você já sabe o que há na sua cabeça. Abra-se para a surpresa e a descoberta inerente à perspectiva de outra pessoa. O esforço valerá a pena.

15

OUÇA!

> O único motivo pelo qual perguntamos a alguém como foi seu fim de semana é para podermos contar como foi o nosso.
>
> — CHUCK PALAHNIUK

Em 2003, o produtor de rádio David Isay teve uma ideia para um projeto ambicioso. Era uma ideia empolgante, que logo ganhou força internacional. Mas não era nova.

Não quero desacreditar David, mas chamar atenção à sua inspiração para esse projeto: o trabalho de radialista do lendário Studs Terkel. Quando Terkel morreu, aos 96 anos, tinha exercido praticamente todas as funções em uma estação de rádio — desempenhou papéis em novelas, transmitiu notícias, escreveu anúncios e até apresentou o próprio programa em Chicago, *The Studs Terkel Program*. Ele entrevistou uma quantidade incrível de pessoas importantes, incluindo Dorothy Parker, Martin Luther King Jr., Bob Dylan e Tennessee Williams.

Mas não foram as entrevistas com celebridades que lhe renderam o Prêmio Pulitzer. Terkel é lembrado pelas conversas que teve com pessoas notada e historicamente comuns. Ele passou anos reunindo milhares de horas de relatos orais. Viajou pelo país batendo em portas, participando de jantares e ouvindo as histórias das pessoas. Falou com pessoas que tinham vivenciado a Segunda Guerra Mundial e a Grande Depressão, fazendo perguntas e ouvindo em silêncio, com seu gravador ligado.

Um de seus primeiros livros se chama *Working: People Talk About What They Do All Day and How They Feel About What They Do*[1] [*Trabalhando: Pessoas Falam sobre o que Fazem o Dia Todo e Como Se Sentem sobre o que Fazem*, em tradução livre]. Não é um título muito atraente, e os personagens — um lixeiro, um barbeiro, um recepcionista de hotel, um afinador de piano etc. — não tinham empregos glamourosos. Eram pessoas pelas quais você poderia passar no supermercado sem perceber, mas cujas histórias eram cativantes e comoventes, e extremamente únicas para eles e suas vidas. O livro ficou mundialmente conhecido e até se tornou tema de um musical da Broadway.

Terkel continuou a entrevistar pessoas e a escrever livros. O arquivo de seu trabalho inclui mais de 9 mil horas de entrevistas com mais de 5 mil pessoas. É uma coleção valiosa de história e humanidade. A manchete de seu obituário no *New York Times* o descreveu como "o ouvinte dos norte-americanos".

Ouça!

Muitas vezes, Studs Terkel atribuía parte do sucesso à sua infância. Ele cresceu em Chicago, onde os pais dirigiam uma pensão. Ali se hospedavam todos os tipos de pessoas, muitas delas imigrantes, e o jovem Studs ficava no saguão, ouvindo-as. Ele nunca perdeu a capacidade de ouvir, tampouco sua paixão por ouvir histórias. Em suas memórias, ele escreveu: "Levo respeito à entrevista. A pessoa reconhece que você a respeita porque a está ouvindo. Como está sendo ouvida, sente-se bem em falar com você."

E isso me faz voltar a David Isay. Décadas após Studs Terkel ouvir as pessoas em suas cozinhas e salas de visitas, Isay achou que era hora de recomeçar a ouvir. Ele lançou um projeto chamado StoryCorps. O conceito era simples. Ele instalou uma cabine de gravação no terminal da estação Grand Central, de Nova York, onde convidava pessoas para entrar e conversar. Hoje, há cabines de StoryCorps em Atlanta, Chicago e São Francisco, e uma cabine itinerante que viaja milhares de quilômetros todos os anos, reunindo as histórias de quem estiver disposto a compartilhá-las.

O StoryCorps é um sucesso incrível. Isay e seus colegas gravaram dezenas de milhares de entrevistas, e algumas poucas escolhidas são transmitidas às sextas-feiras no *Morning Edition*, da NPR. Quando vejo alguém chorando enquanto escuta o rádio, suponho que esteja ouvindo o StoryCorps.

As histórias abrangem uma ampla gama de temas e incluem tudo, de declarações de amor a traumas de guerra. Gravações antigas incluíam entrevistas com pessoas perguntando aos pais como eram quando crianças, irmãos reunidos depois de anos de separação e soldados descrevendo as longas e solitárias noites após a convocação.

O StoryCorps não atrai muitas celebridades, apenas pessoas comuns. E os participantes não são pagos. As pessoas decidem sentar-se em uma cabine e falar durante 40 minutos, porque querem ser ouvidas e lembradas. Isay diz que o ato de ouvir exerce um impacto profundo. "É sobre reverenciar o ser humano ao ouvi-lo", diz Isay. "O engraçado é que sou um péssimo ouvinte... me distraio facilmente com o celular ou e-mail... Mas é por isso que o StoryCorps é tão importante. É sobre aprender a ouvir e dar sua contribuição como ouvinte em uma época em que somos cercados por tantos ruídos. É sobre bater no ombro de alguém e falar: 'Ei, vamos conversar sobre o que é realmente importante para você.'"[2]

Eu me identifico com as palavras de Isay, porque ele admite ser um mau ouvinte, mas reconhece o poder de ouvir e está realmente trabalhando para melhorar. Eu me sinto como ele. Não sou uma ótima ouvinte, mas sei que essa habilidade é essencial para todos os meus relacionamentos e estou em uma missão de aperfeiçoamento.

A verdade é que quase todo mundo luta para ouvir bem. Poucos ouvem ativamente. Isto é, não se trata só de ouvir, mas também de compreender, reagir e lembrar. A incapacidade de fazer isso não é uma falha de caráter, mas uma falha humana. Parece que ouvir não é um dom natural de nossa espécie.

Qualquer pessoa que passe algum tempo com uma criança dirá que não nascemos ouvindo, nascemos fazendo barulho. Ouvir é uma habilidade que deve ser praticada com determinação. Ralph Nichols foi pioneiro nesse tipo de pesquisa e merecidamente chamado de "pai da capacidade de ouvir". Na década de 1950, realizou anos de experimentos auditivos, e em seu livro *Are You Listening?*, [*Você Está Ouvindo?*, em tradução livre], ele escreveu: "Podemos afirmar, quase em totalidade, que as pessoas em geral não sabem ouvir. Elas têm ouvidos que escutam bem, mas raras adquiriram as necessárias habilidades auditivas que nos permitem usar esses ouvidos com eficiência para o que chamamos de *ouvir*."[3]

Fomos feitos para falar. Falar é útil. A fala fortalece e molda nossa identidade. Recentemente, cientistas de Harvard descobriram que falar sobre si mesmo ativa os centros de prazer no cérebro. Os pesquisadores pediram aos participantes de um estudo para falarem sobre si mesmos e sobre suas opiniões e depois falarem sobre outras pessoas e sobre as opiniões delas, conectados a aparelhos de imagem de ressonância magnética funcional (fMRI). Os pesquisadores observaram que partes do sistema dopaminérgico mesolímbico ficavam ativas quando os participantes falavam sobre si mesmos. Essa é a mesma área do cérebro que se ilumina em resposta ao sexo, à cocaína e ao açúcar. É isso mesmo — falar sobre nós causa um prazer no cérebro semelhante ao do sexo ou ao de comer um bombom de chocolate.[4]

Ainda mais fascinante é o fato de os participantes acreditarem que ninguém estava ouvindo. Pelo que sabiam, estavam falando sozinhos. E, mesmo assim, ainda experimentaram um grande prazer ao falar de si, mesmo acreditando que falavam em uma sala vazia.

Isso mostra que não somos muito objetivos ao medir o sucesso de nossas conversas. Quantas vezes você saiu de uma entrevista de emprego e pensou: *Está no papo*, e depois descobriu que não conseguiu o emprego? Há inúmeras razões para você não ter sido contratado, mas uma delas pode ser o fato de falar mais sobre si mesmo do que ouvir. Você se sente ótimo, mas a pessoa do outro lado, não. Se julgarmos o sucesso de uma conversa com base em como nos sentimos, podemos ser enganados pela dose de dopamina que recebemos ao falar de nós.

Em outro estudo, os pesquisadores ofereceram aos participantes diferentes quantias em dinheiro para responder a uma série de perguntas, sendo que o valor mudava de acordo com as perguntas que escolhiam responder. Eles optavam por responder a uma pergunta sobre si mesmos, sobre outra pessoa ou sobre um fato.

Repetidamente, as pessoas escolheram um pagamento menor a fim de revelar informações sobre si mesmas. Elas aceitaram, em média, 17% menos dinheiro em troca de falar sobre seus sentimentos e ideias. Concluindo: "Assim como macacos abrem mão de serem recompensados para observar colegas dominantes do grupo, e universitários abrem mão de dinheiro para observarem pessoas atraentes do sexo oposto, nossos participantes estavam dispostos a perder dinheiro para pensar e falar sobre si mesmos."[5]

O desejo de falar mais do que ouvir nos impede de ter ótimas conversas. Acho irônico que a frase "Estou ouvindo" seja muito usada atualmente para comunicar que estamos prestando atenção a alguém. Por um lado, o ato de escutar acontece involuntariamente e não envolve necessariamente o ato de ouvir. Na verdade, na maior parte do tempo, não estamos ouvindo de fato. Estive no mercado recentemente e disse à caixa: "Minhas sacolas descartáveis estão no fundo do carrinho. Por favor, espere um minuto para eu pegá-las." Ela olhou para mim e disse: "Tudo bem, estou ouvindo", *enquanto colocava minhas compras em sacolas plásticas*. Tive que repetir duas vezes para que ela realmente me *ouvisse*.

Quantas vezes alguém lhe disse: "Você não está me escutando!", quando o que queriam mesmo dizer era: "Você não está me ouvindo." Treinei para parar de falar assim que ouço essa queixa. Quase sempre, quando a pessoa diz que não a estou ouvindo, ela geralmente está certa.

Uma das melhores medidas da escuta bem-sucedida é a retenção. No entanto, raramente relacionamos a habilidade de lembrar o que foi dito com a atenção com que ouvimos. A pesquisa sobre retenção, que citei no Capítulo 6, foi realizada nos anos 1950. Pesquisadores constataram que se ouvimos casualmente algo que nos dizem, esqueceremos em cerca de 8 horas.[6] Mesmo que tenhamos ouvido com atenção e foco, esqueceremos 75% em alguns meses. Lembre-se que a escuta ativa é definida como ouvir, entender, reagir e responder, e reter. No entanto, há décadas os seres humanos já não ouvem naturalmente dessa forma.

* * *

É possível que tenhamos sido melhores ouvintes em algum ponto de nossa história. Com todos os avanços tecnológicos recentes, é fácil esquecer que o material de leitura só passou a estar amplamente disponível há algumas centenas de anos. Durante séculos, nossa principal fonte de informação e instrução foi a palavra falada. Antes da invenção da imprensa, a instrução dependia de nossa habilidade de ouvir. Apenas recentemente começamos a acreditar que ouvir as pessoas é um desperdício de tempo.

Não é surpresa que o modo como consumimos as informações atualmente é mais prejudicial às nossas habilidades como ouvintes. Quando lemos online, a enormidade de imagens, vídeos e links sobrecarregam nossa mente, portanto, nosso cérebro aprendeu a fazer uma leitura superficial.[7] Inconscientemente, procuramos palavras-chave e listas. Ignoramos detalhes e nuances, e vamos diretamente ao que o cérebro percebe ser a essência do material.

Pesquisadores aprenderam que esses hábitos nos seguem offline, até mesmo nas páginas impressas. Ler *Guerra e Paz* é muito mais difícil para os estudantes de hoje do que foi para seus pais e avós. E não somos melhores em ouvir alguém falando do que somos em ler um artigo na web, sem clicar em outra aba para verificar o e-mail. Nós "passamos o olho" sobre nossas conversas.

Se você está acostumado a ver pessoas se expressando em até 140 caracteres, pode ser difícil continuar atento enquanto elas passam dez minutos descrevendo o que fizeram no trabalho. Mesmo online, onde as histórias são enriquecidas com tabelas e gráficos, fontes e imagens interessantes, muitas pessoas não leem além dos títulos.[8] O cérebro tem dificuldade em se concentrar por muito tempo no que alguém escreveu ou disse. Isso é algo que a neurocientista Maryanne Wolf chama de cérebro de Twitter.

Embora poucas pessoas sejam boas ouvintes, a maioria ignora sua incompetência. A empresa Accenture fez uma pesquisa com milhares de pessoas em trinta países, separadas igualmente por gênero. Quase todas disseram que eram boas ouvintes.[9] Mas os fatos indicam que estavam enganadas. Noventa e oito por cento dos pesquisados admitiu passar boa parte do dia distraídos, mais do que a metade relatou que trabalhar digitalmente interfere em sua habilidade de ouvir e 86% disse que realizam multitarefas durante videoconferências. Lembre-se, seres humanos não realizam multitarefas. Não há como ouvir com atenção em uma chamada se você está verificando o e-mail ou digitando um documento ao mesmo tempo. Não nos damos conta de todas as tarefas diárias que interferem na nossa capacidade de ouvir, então acreditamos que somos bons ouvintes, quando não o somos.

Quase todas as pessoas reconhecem a importância de ouvir, mas raramente fazem algo para melhorar suas habilidades. Quando perguntados, a maioria dos executivos e acadêmicos dizem que ouvir é uma das habilidades mais importantes para um profissional eficiente. E, mesmo assim, menos de 2% dos artigos na imprensa de negócios trata do tema. O mesmo ocorre nas escolas. É fácil encontrar uma aula sobre oratória, mas raramente encontra uma sobre como ouvir. Isso é lamentável, pois a habilidade de ouvir precisa ser ensinada.

Pesquisas recentes na Austrália mostram que a escuta ativa é um ato consciente e deve ser parte de uma orientação específica.[10] Em outras palavras, os alunos aprendem a ouvir melhor se estiverem cientes de que estão sendo ensinados a ouvir. Eles não assimilam a disciplina enquanto aprendem outras matérias, como matemática e história. Os pesquisadores se concentraram principalmente na expressão facial e na linguagem corporal durante a comunicação, pois afirmam que ambas são essenciais à escuta eficiente. "Para 'ouvir', a pessoa precisa não só entender o que está sendo dito verbalmente", diz o relatório, "mas também a comunicação não verbal que acompanha o que é dito".

O experimento teve um grande sucesso ao usar a Open Space Technology [Tecnologia do Espaço Aberto] — um método para realizar reuniões nas quais há uma tarefa específica e focada, mas sem uma agenda formal —, a fim de limitar o uso do computador e aumentar a interação pessoal. Os alunos receberam uma tarefa e foram divididos em grupos, em uma sala ampla e aberta. Eles receberam instruções para ouvir com atenção, responder com cuidado e estar preparados para resumir o que foi dito no final da sessão. Os pesquisadores procuraram responder à pergunta: "A compreensão dos alunos sobre a tarefa pode ser melhorada ouvindo os outros?" A resposta parece ser sim.

Ouvir requer energia e atenção, e envolve mais sentidos do que só a audição. Há três tipos de informações transmitidas durante uma conversa: linguística (o significado das palavras que estão sendo ditas), gestual (expressões faciais, movimentos das mãos, postura) e tonal (como as palavras são ditas).

Sabemos que só o significado das palavras não é suficiente para transmitir uma mensagem de forma eficiente. Muitas pessoas brincam sobre a necessidade de uma "fonte de sarcasmo" para e-mails e redes sociais, para que os outros saibam quando estamos brincando. Todos já recebemos e-mails que encaramos como rudes ou ofensivos quando essa não era a intenção. Para entender o que alguém está dizendo, é preciso mais do que palavras impressas. Para ouvir, precisamos de todo o corpo e de total atenção.

Porém, muitas pessoas não se comprometem totalmente com as conversas. O diálogo é encarado como uma oportunidade de articular nossas necessidades e opiniões, não de ouvir os pensamentos de outra pessoa. "A maioria das pessoas não ouve com a intenção de entender", diz o autor Stephen Covey. "Elas ouvem com a intenção de responder."[11] Falamos com alguém porque queremos dizer algo, não porque queremos ouvi-lo.

Com frequência, nossas conversas são como o pior tipo de concerto musical. Imagine um violonista tocando uma peça enquanto o pianista toca outra. Eles podem ser amistosos e olhar um para o outro, assentindo com gestos de cabeça, mas, se não estiverem lendo a mesma partitura, o resultado final será uma cacofonia.

Não é fácil quebrar o hábito de simplesmente esperar que alguém pare para respirar para você poder falar de novo, mas é possível. Primeiro, fique atento às ideias. Enquanto a pessoa está falando, pense no significado mais profundo de suas palavras e pensamentos. Observe sua expressão facial e seus gestos. O que ela realmente está tentando dizer? Faça perguntas como: "Isso quer dizer que...?" ou "Você está dizendo que...?" Talvez ela esteja dando algum sinal. Qual será? Por que está contando esta história neste momento? Qual é o ponto principal?

Pense no que ela pode dizer em seguida. Para adivinhar o que virá, é necessário prestar atenção ao que está acontecendo. Isso envolve risco, pois você pode tentar fazer suposições sobre o que está sendo dito em vez de prever com base no que realmente está ouvindo. Como terminar a frase ou a história de alguém é um ato condescendente, é melhor manter as suposições para si mesmo. Contudo, o ato de adivinhar o manterá envolvido.

O próximo conselho é especialmente importante em nosso cenário político atual: avalie as evidências em vez de tirar conclusões precipitadas. Ou seja, ouça as palavras que estão sendo ditas, em vez de ouvir palavras ou nomes e fazer suposições sobre o que significam.

Normalmente, tiramos conclusões sobre as pessoas com base em alguns termos conhecidos que elas usam. Se alguém diz que apoia a Segunda Emenda, acreditamos que sabemos tudo que precisamos sobre ele. Não o ouvimos porque achamos que podemos prever tudo o que ele dirá. Já decidimos qual será nossa opinião sobre certos temas e não queremos ouvir argumentos que a contrariem.

É altamente improvável que qualquer ser humano tenha as mesmas opiniões do convidado de um programa da TV a cabo. Ouça para descobrir as nuances de sua posição. Em vez de se fechar quando alguém oferece uma opinião da qual você discorda, pese as evidências. Pense o que pode significar se ela estiver certa. Onde essa pessoa obteve essas informações? Pergunte. A propósito, onde você conseguiu as *suas* informações?

Responda ao que disserem, não ao que você acha que disseram ou ao que espera que digam. Não fale a mesma coisa que disse ao último liberal/conservador com quem falou. Ouça e responda ao que disserem. Às vezes, isso significa que você terá que pedir que esclareçam sua posição. Que você talvez não saiba o que dizer. Ter perguntas sobre o que foi dito é um bom indicador de que está ouvindo.

Por fim, tente resumir o que está ouvindo, mas mentalmente. Essa é outra forma de colocar palavras adicionais em sua mente para fazer bom uso delas no futuro. Reveja o que a pessoa disse e reformule. Imediatamente, você notará se perdeu ou se não entendeu algo. Então, pergunte: "Como você foi do correio até a escola? Perdi essa parte." Lembre-se de que a escuta ativa não é só sentar passivamente esperando que a outra pessoa fale. Um robô poderia fazer isso. Ouvir dá trabalho.

Ouvi muita ópera quando criança. Meu avô compôs oito óperas. Sua música é tocada com frequência em nossa casa, como as músicas de Verdi, Puccini e Mozart. Muitas crianças norte-americanas conhecem trechos de Wagner tocados nos desenhos do Coelho Pernalonga, mas eu ouvia todo o Ring Cycle regularmente. E nunca gostei disso. Eu achava ópera entediante.

Na faculdade, planejei estudar teatro clássico. Mas quando mudei de faculdade, no meio do primeiro ano, descobri que as únicas bolsas disponíveis na nova escola eram para alunos de canto. Tive quatro dias para preparar uma canção de arte e uma ária de ópera para a audição. Ouvi muita ópera naqueles quatro dias. Nem lembro o que cantei, mas sei que quando me apresentei diante dos membros da bancada, eu tinha me apaixonado por ópera.

O que mudou? Depois de anos escutando música lírica, eu finalmente a ouvi. Antes dessa semana, eu tinha relegado as músicas ao fundo da mente, sem prestar atenção até mesmo nas ocasiões em que estava em uma sala de concertos, com as luzes apagadas. Eu simplesmente deixava a música tocar enquanto pensava em outras coisas. Quando finalmente prestei atenção, realmente ouvi, a música me emocionou de uma forma poderosa. Foi quase uma experiência espiritual, e não está longe da experiência que às vezes tenho quando realmente ouço as pessoas.

Em reportagens no rádio, a meta é falar o mínimo possível. Você mantém o entrevistado falando e sabe que não vai usar qualquer parte da gravação que tenha a sua voz. Assim, você se habitua a fazer perguntas curtas e diretas, fecha a boca e ouve com o máximo de atenção possível.

Às vezes, a entrevista que imaginei que seria entediante se mostra fascinante. Fiz uma reportagem sobre o mexilhão Roxo de Lilipute, em Michigan, e não conseguia parar de ouvir o cientista que tinha dedicado a vida a salvar o pequeno molusco. Passei muito tempo em postos de gasolina entrevistando pessoas. Encontrei uma incrível quantidade de pessoas de diferentes origens e níveis de renda, todas a caminho de algum lugar único e com sua própria sabedoria para transmitir.

Ouça!

Se quiser ficar mais esperto, ouça mais. Se quiser um casamento mais sólido, ouça ativamente. E se quiser melhores amizades, pare de falar e ouça. "A mais básica das necessidades do ser humano", disse o dr. Ralph Nichols, pioneiro do estudo sobre a habilidade de ouvir, "é a de compreender e ser compreendido. A melhor forma de compreender as pessoas é ouvindo-as". A capacidade de ouvir é a habilidade mais importante que adquiri na vida.

Tive que parar de encher este capítulo com citações, porque há um incrível número de pessoas inteligentes e capazes que descreveram melhor que eu os motivos pelos quais ouvir é a habilidade mais importante que uma pessoa pode desenvolver. Porém, vou voltar às palavras de meu entrevistado preferido, Salman Rushdie. Em seu livro *Dois Anos, Oito Meses e 28 Noites*, uma das personagens é um gênio que exerce sua mágica pela audição. Quando perguntei sobre ela, Rushdie disse: "Ela encosta o ouvido em seu peito e descobre exatamente os desejos de seu coração... Acredito que escritores precisam ser bons ouvintes. Como escritor, você deve saber ouvir o que as pessoas realmente dizem e ser capaz de representar isso. E, sim, ouvir é uma mágica incrível."[12]

16

ÀS VEZES, NÃO DEVERÍAMOS FALAR

A fim de compreender o mundo, você tem que se afastar dele ocasionalmente.

— **ALBERT CAMUS**

Não faço muitas ligações telefônicas em minha casa. Se preciso falar com a empresa de TV a cabo ou marcar uma consulta no médico, passo a tarefa ao meu filho. Quando chego em casa, estou cansada de falar e preciso de algumas horas de silêncio. Muitas vezes, não tenho energia para conversar com o funcionário de atendimento ao cliente ou o paisagista. Em vez de ser rude, delego essas conversas a outra pessoa. Quando termino de jantar, geralmente estou pronta para ouvir com atenção e interagir com as pessoas de modo positivo.

Essa experiência não é só minha. A ciência defende a ideia de que nem todas as conversas são saudáveis e úteis. Em 2010, um grupo de pesquisadores da Universidade do Arizona equipou dezenas de estudantes com dispositivos de gravação para acompanhar suas conversas. Depois, esses estudantes foram solicitados a avaliar seu nível de felicidade. Os que disseram estar felizes foram os que passaram seu tempo com outras pessoas. Na verdade, os estudantes mais felizes passaram 25% menos tempo sozinhos e 70% mais tempo falando com outras pessoas, em comparação a seus colegas menos sociáveis.[1]

Esse resultado não é de surpreender. Já sabemos que os seres humanos são animais sociais, e que a solidão e o isolamento nos deixam infelizes. Mas houve um aspecto do estudo que foi revelador: nem todas as conversas contribuíram para a felicidade.

Os pesquisadores constataram que os estudantes mais felizes passaram 1/3 a menos de tempo envolvidos em conversas banais e tinham 2 vezes mais conversas significativas que o resto do grupo. Eles concluíram que "uma vida feliz é social, e não solitária e, em termos de conversas, mais profunda que superficial".

Quase todos nós temos algumas conversas triviais todos os dias: você pergunta ao garçom como está o trabalho ou fala sobre o tempo com alguém no elevador. Às vezes, não há como fugir — por exemplo, nem sempre é possível escapar de uma conversa esporádica com seu chefe —, mas, no geral, às vezes a melhor estratégia é não falar. Se você não tiver energia ou motivação para se concentrar na outra pessoa, é melhor se isolar. Dessa forma, você evita explosões de raiva ou até mesmo dizer coisas que não pretendia.

Conversas triviais podem ser irritantes, mas outras conversas podem ser exaustivas. Recentemente, tive que me desculpar quando uma colega descrevia o casamento problemático da irmã. Não conheço a pessoa muito bem e não conheci sua irmã. Ela precisava externalizar sua preocupação e receber energia positiva, mas eu não tinha energia para oferecer. Eu disse: "Sinto muito por essa situação. Deve ser estressante. Gostaria de ter tempo para falar a respeito, mas tenho um trabalho para entregar hoje." Essa foi uma solução melhor do que ouvir sem atenção e dizer algo banal como: "Que pena. Isso é horrível." Melhor mandá-la procurar um ouvinte mais dedicado.

Uma boa conversa requer energia e foco — dois elementos que são geralmente raros. Se não puder interagir de modo significativo, aconselho-o a não interagir de modo algum. Seja honesto, educado e se afaste.

Não é útil nem produtivo se envolver em uma discussão quando se está cansado, irritado ou com dor de cabeça. Se você se obrigar a conversar sem vontade, não ficará satisfeito com o resultado e provavelmente não conseguirá absorver o que foi dito por nenhuma das partes. Não se sinta culpado por abandonar uma conversa na qual não consegue investir mentalmente.

Isso é um alívio para os introvertidos. Como Susan Cain popularizou em seu livro *O Poder dos Quietos — Como os Tímidos e Introvertidos Podem Mudar um Mundo que Não Para de Falar*, os introvertidos são definidos, em parte, pela forma como conseguem sua energia. Eles a recarregam quando estão sozinhos. Estar com outras pessoas e falar com elas é opressivo e exaustivo.[2]

Porém, não são só os introvertidos que se beneficiam da solidão, um pouco de paz e silêncio é bom para todos. Um estudo da Universidade do Illinois constatou que, quando os adolescentes estão sozinhos em, pelo menos, 25% do tempo fora das salas de aula, eles têm notas mais altas e são menos propensos à depressão. O chefe da pesquisa Reed Larson disse: "O paradoxo é que estar sozinho não é um estado especialmente feliz. Mas parece haver um efeito rebote. É um pouco como tomar um remédio amargo." Os adolescentes não gostam da solidão, mas sentem-se melhor depois de ficarem isolados, e essas sensações positivas duram, pelo menos, uma semana.[3]

Há também muitos relatos e evidências científicas de que a solidão estimula a criatividade e aprofunda o pensamento. Pense na pequena cabana de Thoreau, em Walden Pond, ou em Marcel Proust, em seu apartamento espartano em Paris, cujas paredes eram revestidas de cortiça para reduzir o ruído. A solidão pode ser maravilhosa.

Contudo, especialistas em criatividade dizem que a inovação é o resultado de um delicado equilíbrio entre solidão e colaboração. Em outras palavras, Steve Wozniak pode ter inventado o computador pessoal enquanto estava sozinho em casa, mas a ideia foi resultado de seu trabalho conjunto com Steve Jobs e de suas conversas com os membros de seu grupo. Foi uma inspiração baseada em conversas, acompanhada pelo pensamento concentrado, realizado durante o isolamento.

A pesquisa do Dr. Mihaly Csikszentmihalyi é referência nesse tema. Ele disse que "pessoas criativas costumam ser introvertidas e extrovertidas". Mesmo que você não seja inventor nem artista, mesmo se for extrovertido, as pesquisas mostram que você colhe benefícios por ficar sozinho de tempos em tempos.[4] Um estudo de Harvard demonstrou que somos mais capazes de sentir empatia por outras pessoas depois de experimentarmos a solidão.[5] Evitar conversar de tempos em tempos melhora seus relacionamentos e suas conversas futuras.

Infelizmente, a solidão não é algo que costumamos buscar com regularidade. A maioria das pessoas não gosta de ficar só. Um grupo de pesquisadores de Harvard e da Universidade da Virgínia realizou onze estudos diferentes e constatou que as pessoas, em geral, não gostam de ficar isoladas.[6] Na verdade, "muitas preferem administrar choques elétricos em si mesmas do que ficar sozinhas com seus pensamentos". A aversão à solidão pode tentá-lo a iniciar uma conversa, mesmo indesejada. Mas essa pode ser uma má escolha.

Lembre-se, trata-se de qualidade, não de quantidade. Falar o dia todo não o torna um ótimo conversador, e conversar constantemente não aumenta o valor das palavras — até Beethoven se torna música de fundo se for tocado o tempo todo. Seria realmente raro se fosse possível termos conversas envolventes e interessantes sempre que alguém nos dissesse "olá". Provavelmente é impossível. Assim, se precisar ficar em silêncio no metrô, a fim de atingir o estado de espírito certo para ouvir sua família quando chegar em casa, então fique em silêncio. E sinta-se bem com isso.

Mesmo que você só tenha uma conversa por dia, ela deve inspirá-lo e esclarecê-lo. Há conversas que enriquecem a vida e o deixam compreender melhor as pessoas e o mundo que o cerca.

CONCLUSÃO

O que você faz hoje pode melhorar todos os seus amanhãs.

— RALPH MARSTON

Não decidi me dedicar à conversação e certamente nunca me vi como sua promotora. Cheguei a esse ponto após anos de observação, experiência e pesquisa. Assim, passei a acreditar que a conversa tem o poder de mudar o mundo.

Isso pode soar ingênuo para algumas pessoas, incluindo para meus colegas jornalistas. Em geral, somos um grupo muito cético. Passamos os dias criando reportagens sobre o lado sombrio da natureza humana: fraudes, corrupção, violência, guerra, doença. Temos uma visão cética da política, porque estamos nos bastidores todos os dias, assistindo ao desenrolar de fatos desagradáveis.

Porém, quando ocorrem eventos terríveis, como o furacão Katrina ou um terremoto no Haiti, é nossa função encontrar e mostrar o elemento humano. Conversamos com pessoas traumatizadas e, às vezes, vitimizadas, e transformamos grandes quanti-

CONCLUSÃO

dades de informação em uma história objetiva, que faça o público sentir empatia pelas pessoas cujas vidas foram mudadas para sempre pela tragédia.

Comecei a trabalhar como repórter em 1999. À medida que os anos passavam, notei que as conversas se deterioravam e as pessoas ficavam menos inclinadas a buscar informações de diferentes fontes. Sentimos que não nos compreendemos mais e, portanto, não confiamos uns nos outros.

Certamente, a proliferação da tecnologia em nossas vidas, em nossas mãos e bolsos, não ajudou, mas não responsabilizo a popularidade dos smartphones por esse problema. Não culpo as redes sociais, embora muitos de nós nos enganemos, achando que conexão digital é o mesmo que conversação. E apesar dos eruditos das redes a cabo ganharem a vida transformando qualquer questão insignificante em uma discussão política, alimentando ainda mais essa polarização, também não culpo a mídia.

Francamente, não culpo qualquer pessoa ou coisa pela desintegração de nossas conversas. Não há uma causa definida, há somente uma solução — e é começarmos a conversar. O colapso da conversação está nos prejudicando como sociedade e é danoso à comunidade que compartilhamos.

Enquanto escrevia este livro, consultei vários especialistas de diversos campos e li inúmeros estudos. Reuni muitas informações incrivelmente esclarecedoras, mas houve uma pesquisa que me afetou

CONCLUSÃO

mais que as outras: um estudo mostrando que a empatia tem diminuído rapidamente entre os jovens.

Empatia é muito diferente de compaixão. A compaixão é a capacidade de dizer: "Sinto por você." A empatia, a de dizer: "Sinto com você." A compaixão permite que você fique separado da outra pessoa, que você a veja como o "outro". Ela pode se transformar em piedade. A empatia o obriga a se conectar com a outra pessoa e a reconhecer que todos somos humanos, todos lutando, todos conectados.

Médicos com empatia têm pacientes mais saudáveis.[1] Gestores com empatia têm colaboradores com moral mais alto, que tiram menos licenças médicas. A capacidade de sentir empatia está associada a menos preconceito, a menos bullying e a mais atos de caridade. A empatia também é a base para nossa moralidade. A Regra de Ouro é: "Faça aos outros o que gostaria que fizessem a você", mas você precisa ter empatia para alinhar as necessidades da outra pessoa às suas.

Cientistas identificaram muitas formas de aumentar a empatia, incluindo tocar em uma banda[2] ou ler mais romances,[3] mas um dos métodos mais eficientes é a conversa. Boas conversas lhe permitem aprender sobre a experiência da outra pessoa, compará-la com a sua e imaginar como seria estar no lugar dela. Os pesquisadores do Centro Científico do Bem Maior, da Universidade da Califórnia, Berkeley — uma organização dedicada ao uso da

CONCLUSÃO

neurociência e da psicologia para criar uma sociedade mais resiliente e compassiva —, recomendam aumentar a empatia por meio da interação. Eles oferecem quatro modos simples de aumentá-la:

1. Ouvir ativamente
2. Participar da alegria dos outros
3. Procurar pontos em comum com os outros
4. Prestar atenção aos rostos

Quer praticar essas quatro medidas ao mesmo tempo? Converse.

As melhores conversas ocorrem entre duas pessoas que mostram consideração mútua. Afinal, essa é a definição de consideração, refletir com cuidado sobre o efeito do que você diz e faz, e tentar evitar aborrecer ou magoar a outra pessoa com palavras e ações. Nem sempre é fácil fazer isso — cientistas sociais dizem que o narcisismo está em alta, e são necessários esforço e prática para mostrar consideração pelos outros.

Por fim, as ferramentas e estratégias que ofereci neste livro visam um objetivo implícito — que é ajudá-lo a levar os outros em consideração quando está falando. Desta forma, você terá melhores conversas e relacionamentos e, por fim, espero, uma vida mais rica.

Concentrar-se na outra pessoa é útil não só para as habilidades de conversação. Por exemplo, sabe-

CONCLUSÃO

mos que o trabalho voluntário pode melhorar a saúde mental. Doar seu tempo para ajudar as pessoas reduz a solidão e os sintomas de depressão.

Ajudar as pessoas o deixa mais feliz e, recentemente, os cientistas descobriram que o trabalho beneficente pode deixá-lo mais saudável.[4] Um estudo mostrou que pessoas que passam, pelo menos, 200 horas por ano realizando trabalho voluntário correm um risco significativamente menor de sofrer de hipertensão. Outro estudo mostrou que pessoas que realizam trabalho voluntário regularmente vivem mais.[5] Assim, por que não usar o voluntariado como medicina preventiva? Eis o segredo: esses benefícios são experimentados só por pessoas que *querem* ser voluntárias, que gostam de fazê-lo — não por aqueles que o fazem porque seu emprego exige um certo número de horas de voluntariado.

O mesmo princípio se aplica à conversação. O seu desejo de conhecer e compreender as pessoas deve ser sincero ou os benefícios não serão os mesmos. Há muita diferença entre iniciar uma conversa com um colega porque acredita que ter um relacionamento com ele é bom para a sua reputação, e iniciar uma conversa porque realmente quer conhecê-lo.

Eu não seria mais jornalista se não acreditasse que o acesso à informação é bom para a sociedade e que as conversas constroem pontes entre comunidades discrepantes. Acredito realmente que temos

CONCLUSÃO

uma janela de oportunidade agora para melhorar as coisas no mundo. E ela começa com o simples ato de dizer "olá" ao vizinho.

Portanto, guarde seu smartphone só por um momento e converse com alguém. Melhor ainda, ouça alguém. As pessoas o surpreenderão. Elas o encantarão, esclarecerão e, às vezes, o irritarão. Contudo, se conseguir ultrapassar os bate-papos superficiais que são confundidos com conversas, as pessoas nunca o entediarão.

Quando a sua próxima conversa acontecer, só espero que seja boa.

NOTAS

INTRODUÇÃO

1. Departamento Nacional da Segurança dos Transportes Setor de Acidentes, *Air Florida, Inc.*, *Boeing 737-222, N62AF, Collision with 14th Street Bridge*, Relatório de Acidente de Avião, Springfield, Virginia, National Technical Information Service, 1982.

2. Michelle Clark, "Study: Poor Communication Leads to Malpractice, Death", *Patient Safety & Quality Healthcare*, 3 de fevereiro de 2016.

3. France Neptune e Mallery Thurlow, "A Heart Wrenching Update from Haiti", entrevista com Celeste Headlee e John Hockenberry, 13 de janeiro de 2010.

4. Wesley Morris, "Why Calls for a 'National Conversation' Are Futile", *New York Times*, 2 de agosto de 2016.

1: A CONVERSA É UMA TÉCNICA DE SOBREVIVÊNCIA

1. Joseph Stromberg, "Where Do Humans Really Rank on the Food Chain?" *Smithsonian*, 2 de dezembro de 2013.

2. Citado em Mark Pagel, "Why We Speak", *The Atlantic*, 24 de junho de 2016.

3. Ibid.

4. Cognisco, "$37 Billion—US and UK Businesses Count the Cost of Employee Misunderstanding", Marketwire,

18 de junho de 2008, http://www.marketwired.com/press-release/37-billion-us-and-uk-businesses-count-the-cost-of-employee-misunderstanding-870000.htm.

5. Willis Towers Watson, *2009/2010 Communication ROI Study Report: Capitalizing on Effective Communication*, 2010; publicado originalmente por Watson Wyatt Worldwide.

6. Daniel Kahneman, *Thinking, Fast and Slow* (Nova York: Farrar, Straus and Giroux, 2011).

7. R. Agarwal, D. Z. Sands, e J. D. Schneider, "Quantifying the Economic Impact of Communication Inefficiencies in U.S. Hospitals", *Journal of Healthcare Management* 55, nº 4 (2010): 265–81.

8. Heather Boushey e Sarah Jane Glynn, "There Are Significant Business Costs to Replacing Employees", Centro de Progresso Norte-americano, 16 de novembro de 2012.

9. John Doerr, "How Top Sales People Lead Sales", RAIN Group.

10. Neil Howe, "Why Millennials Are Texting More and Talking Less", *Forbes*, 15 de julho de 2015.

11. Michael Chui, James Manyika, Jacques Bughin, Richard Dobbs, Charles Roxburgh, Hugo Sarrazin, Geoffrey Sands e Magdalena Westergren, *The Social Economy: Unlocking Value and Productivity Through Social Technologies*, McKinsey Global Institute, julho de 2012.

12. Ross McCammon, "Why a Phone Call Is Better Than an Email (Usually)", *Entrepreneur*, 5 de novembro de 2014.

13. Common Sense Media, *Technology Addiction: Concern, Controversy, and Finding Balance*, 2016.

14. Paul Barnwell, "My Students Don't Know How to Have a Conversation", *Atlantic*, 22 de abril de 2014.

15. Jonathan Haidt e Marc J. Hetherington, "Look How Far We've Come Apart", *New York Times*, 17 de setembro de 2012, https://campaignstops.blogs.nytimes.com/2012/09/17/look-how-far-weve-come-apart/.

16. Q, *Leading in a Pluralistic Society*, Q Research Brief, 2016.

17. Christopher Groskopf, "European Politics Is More Polarized Than Ever, and These Numbers Prove It", *Quartz.com*, 20 de março de 2016.

18. David W. Brady, "Sure, Congress Is Polarized. But Other Legislatures Are More So", *Washington Post*, 17 de fevereiro de 2014.

2: COMUNICAÇÃO E CONVERSAÇÃO NÃO SÃO A MESMA COISA

1. The Radicati Group, *Email Statistics Report, 2015-2019*, março de 2015.

2. Pew Research Center, *Global Digital Communication: Texting, Social Networking Popular Worldwide*, atualizado em 29 de fevereiro de 2012.

3. Sara Konrath, Edward H. O'Brien e Courtney Hsing, "Changes in Dispositional Empathy in American College Students over Time: A Meta-Analysis", *Personality and Social Psychology Review* 15, n° 2 (2011): 180-98.

4. Joe R. Feagin, Hernán Vera e Pinar Batur, *White Racism* (Nova York: Routledge, 1995).

5. Abdullah Almaatouq, Laura Radaelli, Alex Pentland e Erez Shmueli, "Are You Your Friends' Friend? Poor Perception of Friendship Ties Limits the Ability to Promote Behavioral Change", *PLoS One* 11, nº 3, 22 de março de 2016): e0151588.

6. Citado em Kate Murphy, "Do Your Friends Actually Like You?", *New York Times*, 6 de agosto de 2016.

7. Leon Watson, "Humans Have Shorter Attention Span Than Goldfish, Thanks to Smartphones", *Telegraph*, 18 de maio de 2015.

8. Andrew K. Przybylski e Netta Weinstein, "Can You Connect with Me Now? How the Presence of Mobile Communication Technology Influences Face-to-Face Conversation Quality", *Journal of Social and Personal Relationships* 30, nº 3 (2012): 237–46.

9. Keith Hampton, Lee Rainie, Weixu Lu, Maria Dwyer, Inyoung Shin e Kristen Purcell, *Social Media and the "Spiral of Silence"*, Pew Research Center, 26 de agosto de 2014.

3: NÃO SE PODE TIRAR VANTAGEM DE UMA CONVERSA RUIM

1. David Dunning e Justin Kruger, "Unskilled and Unaware of It: How Difficulties in Recognizing One's Own Incompetence Lead to Inflated Self-Assessments", *Journal of Personality and Social Psychology* 77, nº 6 (1999): 1121–34.

2. David Mahl, "The Upside of Divorce", *Psychology Today*, 1º de março de 2000.

4: PREPARE O TERRENO

1. Marianne LeVine, "Minorities Aren't Well Represented in Environmental Groups, Study Says", *Los Angeles Times*, 28 de julho de 2014.

5: ALGUMAS CONVERSAS SÃO MAIS DIFÍCEIS QUE OUTRAS

1. Maria Saporta, "Xernona Clayton", *Atlanta*, 1º de maio de 2011.

2. Robert Mcg. Thomas Jr., "Calvin F. Craig, 64, Enigma in Klan and Civil Rights Work", *New York Times*, 13 de abril de 1998.

3. Carolyn Y. Johnson, "Everyone Is Biased: Harvard Professor's Work Reveals We Barely Know Our Own Minds", Boston.com, 5 de fevereiro de 2013.

4. Annie Murphy Paul, "Where Bias Begins: The Truth About Stereotypes", *Psychology Today*, 1º de maio de 1998.

5. Lin Edwards, "Study Demonstrates the Evolution of Stereotypes", Phys.org, https://phys.org/news/2012-09-evolution-stereotypes.html.

6. Vinson Cunningham, "Obama and the Collapse of Our Common American Language", *New Yorker*, 13 de julho de 2016.

7. Q, *Leading in a Pluralistic Society*, Q Research Brief, 2016.

8. Patrick Phillips, *Blood at the Root: A Racial Cleansing in America* (Nova York: W. W. Norton, 2016).

9. Marie Guma-Diaz e Annette Gallagher, "Power of an Apology", press release da Universidade de Miami, 14 de julho de 2014.

10. Michael McCullough, "Getting Revenge and Forgiveness", entrevista com Krista Tippett, *On Being*, 24 de maio 2012.

11. Beverly Engel, *The Power of Apology* (Nova York: J. Wiley, 2001).

12. BBC News, "Warsaw Jews Mark Uprising", 20 de abril de 2003.

13. Kazimierz Moczarski, *Conversations with an Executioner* (Englewood Cliffs, NJ: Prentice-Hall, 1981).

6: OU VOCÊ FICA OU VAI EMBORA

1. Jon Hamilton, "Think You're Multitasking? Think Again", NPR *Morning Edition*, 2 de outubro de 2008.

2. Citado ibid.

3. Daniel J. Levitin, "Why the Modern World Is Bad for Your Brain", *Guardian*, 18 de janeiro de 2015.

4. Ibid.

5. M. G. Siegler, "I Will Check My Phone at Dinner and You Will Deal with It", *TechCrunch*, 21 de fevereiro de 2011.

6. Celeste Headlee, "Barenaked Ladies Meet Shakespeare", NPR *Morning Edition*, 3 de junho de 2005.

7. Ralph G. Nichols e Leonard A. Stevens, "Listening to People", *Harvard Business Review* 35, n° 5 (setembro-outubro de 1957): 85–92.

8. Brigid Schulte, "Harvard Neuroscientist: Meditation Not Only Reduces Stress, Here's How It Changes Your Brain", *Washington Post*, 26 de maio de 2015.

7: NÃO É A MESMA COISA!

1. Charles Derber, *The Pursuit of Attention: Power and Ego in Everyday Life*, 2ª ed. (Nova York: Oxford University Press, 2000).

2. R. I. M. Dunbar, Anna Marriott e N. D. C. Duncan, "Human Conversational Behavior", *Human Nature* 8, n° 3 (1997): 231–46.

3. Bonnie Badenoch, *Being a Brain-Wise Therapist* (Nova York: W. W. Norton, 2008).

4. Judith Martens, "Covey #5: Seek First to Understand, Then to Be Understood", *Behavior Change, Covey Series, Social Psychology*, 16 de julho de 2013.

5. Max-Planck-Gesellschaft, "I'm OK, You're Not OK", 9 de outubro de 2013.

6. Michael W. Kraus, Stéphane Côté e Dacher Keltner, "Social Class, Contextualism, and Empathic Accuracy", *Psychological Science* 21, n° 11 (2010): 1716–23.

7. Stephanie Pappas, "To Read Others' Emotions, It Helps to Be Poor", *LiveScience*, 16 de novembro de 2010.

8: DESÇA DO PALANQUE

1. Fon Louise Gordon, "Carrie Lena Fambro Still Shepperson (1872–1927)", *Encyclopedia of Arkansas History and Culture*, 2008.

2. R. F. West, R. J. Meserve e K. E. Stanovich, "Cognitive Sophistication Does Not Attenuate the Bias Blind Spot", *Journal of Personality and Social Psychology* 103, nº 3 (2012): 506–19.

3. David McRaney, *You Are Not So Smart* (Nova York: Gotham Books, 2011).

4. Alexios Mantzarlis, "Fact-Checking Doesn't 'Backfire', New Study Suggests", *Poynter*, 2 de novembro de 2016.

5. Da "entrevista perdida" de Steve Jobs, realizada por Robert X. Cringely e apresentada no especial da PBS em 1996 *Triumph of the Nerds*.

6. Michael Dimock, Jocelyn Kiley, Scott Keeter e Carroll Doherty, *Political Polarization in the American Public: How Increasing Ideological Uniformity and Partisan Antipathy Affect Politics, Compromise and Everyday Life*, Pew Research Center, 12 de junho de 2014.

7. Keith Hampton, Lee Rainie, Weixu Lu, Maria Dwyer, Inyoung Shin e Kristen Purcell, *Social Media and the "Spiral of Silence"*, Pew Research Center, 26 de agosto de 2014.

8. M. Scott Peck, *The Road Less Traveled and Beyond: Spiritual Growth in an Age of Anxiety* (Nova York: Simon and Schuster, 1997).

9: SEJA BREVE

1. Ian Hardy, "Losing Focus: Why Tech Is Getting in the Way of Work", BBC News, 8 de maio de 2015.
2. Maia Szalavitz, "The Key to a High IQ? Not Getting Distracted", *Time*, 24 de maio de 2013.
3. Citado em Lisa Earle McLeod, "The Real Reason So Many People Are Such Bad Communicators", *Huffington Post*, 25 de março de 2011.

10: SEM REPETIÇÕES

1. Stephanie Castillo, "Repeat After Me: Repetition While Talking to Others Can Help Improve Your Memory", *Medical Daily*, 7 de outubro de 2015.
2. Zachariah M. Reagh e Michael A. Yassa, "Repetition Strengthens Target Recognition but Impairs Similar Lure Discrimination: Evidence for Trace Competition", *Learning and Memory* 21, n° 7 (2014): 342–46.
3. Citado em Joseph Stromberg, "Re-reading Is Inefficient. Here Are 8 Tips for Studying Smarter", *Vox*, 16 de janeiro de 2015.
4. Gary Wolf, "Want to Remember Everything You'll Ever Learn? Surrender to This Algorithm", *Wired*, 21 de abril de 2008.

11: ESSA É UMA ÓTIMA PERGUNTA

1. Robert B. Cialdini, *Influence: The Psychology of Persuasion*, ed. rev. (Nova York: Harper Business, 2006).

2. Citado em Ross McCammon, "Why a Phone Call Is Better Than an Email (Usually)", *Entrepreneur*, 5 de novembro de 2014.

3. James Stephens, *Traditional Irish Fairy Tales* (Nova York: Dover Publications, 1996).

12: NÃO SE PODE SABER TUDO

1. Sean Gregory, "Domino's New Recipe: (Brutal) Truth in Advertising", *Time*, 5 de maio de, 2011.

2. Citado em Alina Tugend, "Why Is Asking for Help So Difficult?", *New York Times*, 7 de julho de 2007.

3. Steven Levitt, entrevista com Stephen Dubner, "The Three Hardest Words in the English Language", *Freakonomics Radio*, podcast, 15 de maio de 2014.

4. Allen Francis, *What Should Doctors Do When They Don't Know What to Do (blog)*, *Huffington Post*, atualizado em 24 de agosto de 2013.

5. Stuart Foxman, "The Three Hardest Words", Doc Talk, Faculdade de Medicina e Cirurgia de Ontário: originalmente publicado como "The Three Hardest Words—'I Don't Know'", *Dialogue* 8, nº 1 (2012).

13: DIGA O ESSENCIAL

1. Citado em Lydia Dishman, "The Science of Why We Talk Too Much (and How to Shut Up)", *Fast Company*, 11 de junho de 2015.

14: VIAJANDO JUNTOS

1. Craig Lambert, "Ideas Rain In", revista *Harvard*, maio-junho de 2004.

2. Matthew T. Gailliot, Roy F. Baumeister, C. Nathan DeWall, Jon K. Maner, E. Ashby Plant, Dianne M. Tice, Lauren E. Brewer e Brandon J. Schmeichel, "Self-Control Relies on Glucose as a Limited Energy Source: Willpower Is More Than a Metaphor", *Journal of Personality and Social Psychology* 92, nº 2 (2007): 325–36.

3. Tanya Stivers, N. J. Enfield, Penelope Brown, Christina Englert, Makoto Hayashi, Trine Heinemann, Gertie Hoymann, Federico Rossano, Jan Peter de Ruiter, Kyung-Eun Yoon e Stephen C. Levinson, "Universals and Cultural Variation in Turn-Taking in Conversation", *Proceedings of the National Academy of Sciences of the United States of America* 106, nº 26 (2009): 10587–92.

4. Zoltán Kollin, "Myth #1: People Read on the Web", *UX Myths*.

5. Harald Weinreich, Hartmut Obendorf, Eelco Herder e Matthias Mayer, "Not Quite the Average: An Empirical Study of Web Use", *ACM Transactions on the Web* 2, nº 1, artigo 5 (2008): 1–31.

6. Simon Moss, "Ventrolateral Prefrontal Cortex", *SICO Tests*, 30 de junho de 2016.

15: OUÇA!

1. Studs Terkel, *Working: People Talk About What They Do All Day and How They Feel About What They Do* (Nova York: Pantheon Books, 1974).

2. David Isay, "How I Learned to Listen", *TED Blog*, 4 de março de 2015.

3. Ralph G. Nichols e Leonard A. Stevens, *Are You Listening?* (Nova York: McGraw-Hill, 1957).

4. Adrian F. Ward, "The Neuroscience of Everybody's Favorite Topic", *Scientific American*, 16 de julho de 2013.

5. Diana I. Tamir e Jason P. Mitchell, "Disclosing Information About the Self Is Intrinsically Rewarding", *Proceedings of the National Academy of Sciences of the United States of America* 109, nº 21 (2012): 8038–43.

6. Ralph G. Nichols e Leonard A. Stevens, "Listening to People", *Harvard Business Review* 35, nº 5 (setembro–outubro de 1957): 85–92.

7. Michael S. Rosenwald, "Serious Reading Takes a Hit from Online Scanning and Skimming, Researchers Say", *Washington Post*, 6 de abril de 2014.

8. Farhad Manjoo, "You Won't Finish This Article: Why People Online Don't Read to the End", *Slate*, 6 de junho de 2013.

9. Samantha Cole, "New Research Shows We're All Bad Listeners Who Think We Work Too Much", *Fast Company*, 2 de fevereiro de 2015.

10. Donella Caspersz e Ania Stasinska, "Can We Teach Effective Listening? An Exploratory Study", *Journal of University Teaching and Learning Practice* 12, nº 4 (2015): 12–16.

11. Stephen R. Covey, *The Seven Habits of Highly Effective People: Restoring the Character Ethic* (Nova York: Free Press, 1989).

12. Salmon Rushdie em uma entrevista com Celeste Headlee no programa *On Second Thought*, da GPB (Georgia Public Broadcasting), 16 de setembro de 2015.

16: ÀS VEZES, NÃO DEVERÍAMOS FALAR

1. Matthias R. Mehl, Simine Vazire, Shannon E. Holleran e C. Shelby Clark, "Eavesdropping on Happiness: Well-Being Is Related to Having Less Small Talk and More Substantive Conversations", *Psychological Science* 21, n° 4 (2010): 539-41.

2. Susan Cain, *Quiet: The Power of Introverts in a World That Can't Stop Talking* (Nova York: Crown Publishers, 2012).

3. Leon Neyfakh, "The Power of Lonely", Boston.com, 6 de março de 2011.

4. Mihaly Csikszentmihalyi, *Creativity: Flow and the Psychology of Discovery and Invention* (Nova York: Harper Perennial, 2013).

5. Neyfakh, "The Power of Lonely".

6. Timothy D. Wilson, David A. Reinhard, Erin C. Westgate, Daniel T. Gilbert, Nicole Ellerbeck, Cheryl Hahn, Casey L. Brown e Adi Shaked, "Just Think: The Challenges of the Disengaged Mind", *Science* 345, n° 6192 (2014): 75-77.

CONCLUSÃO

1. A definição de empatia de *Greater Good: The Science of a Meaningful Life*, http://greatergood.berkeley.edu/topic/empathy/definition.

2. Stacey Kennelly, "Does Playing Music Boost Kids' Empathy?", *Greater Good: The Science of a Meaningful Life*, 8 de junho de 2012.

3. Keith Oatley, "Changing Our Minds", *Greater Good: The Science of a Meaningful Life*, 1º de dezembro de 2008.
4. Rodlescia S. Sneed e Sheldon Cohen, "A Prospective Study of Volunteerism and Hypertension Risk in Older Adults", *Psychology and Aging* 28, nº 2 (2013): 578-86.
5. Sara Konrath, Andrea Fuhrel-Forbis, Alina Lou e Stephanie Brown, "Motives for Volunteering Are Associated with Mortality Risk in Older Adults", *Health Psychology* 31, nº 1 (2012): 87-96.

CONHEÇA OUTROS LIVROS DA ALTA LIFE

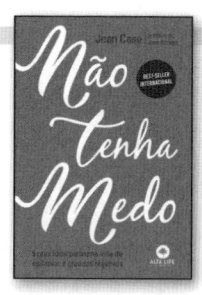

Todas as imagens são meramente ilustrativas.

- calma aí, P*RRA! — sarah knight
- Não tenha Medo — Jean Case
- Hábitos Atômicos — James Clear
- IDEIAS REBELDES — Matthew Syed
- A SEGUNDA MONTANHA — David Brooks
- O PODER DA CONSCIÊNCIA — Deepak Chopra
- 1 ANO EM 12 SEMANAS — Brian P. Moran e Michael Lennington
- PRINCE — The Beautiful Ones: Fragmentos Autobiográficos
- ENSINAMENTOS BÍBLICOS PARA O SUCESSO — Cesar Romão

CATEGORIAS

Negócios - Nacionais - Comunicação - Guias de Viagem - Interesse Geral - Informática - Idiomas

SEJA AUTOR DA ALTA BOOKS!

Envie a sua proposta para: autoria@altabooks.com.br

Visite também nosso site e nossas redes sociais para conhecer lançamentos e futuras publicações!

www.altabooks.com.br

ALTA BOOKS EDITORA

/altabooks • /altabooks • /alta_books

ROTAPLAN
GRÁFICA E EDITORA LTDA
Rua Álvaro Seixas, 165
Engenho Novo - Rio de Janeiro
Tels.: (21) 2201-2089 / 8898
E-mail: rotaplanrio@gmail.com